# 探偵小説の社会学

JN147933

# 探偵小説の社会学

内田隆三

岩波書店

# 序文

はじめに本書の性格について少しばかり書きとどめておきたい。それは本書を読み進むうえで、とくに必要というわけではないが、方法論的な関心をもつ人びとのためには資することがあると思われるからである。

本書は探偵小説の言説を主題にしている。だが、探偵小説についてはすでにたくさんのことが書かれている。たとえば探偵小説の歴史については、日本の場合なら中島河太郎氏をはじめとして、また欧米ではハワード・ヘイクラフトに代表されるように、多くの人が著作を残している。探偵小説という小説形式にかんする、ある種の本質論についても、江戸川乱歩や夢野久作、あるいはエルンスト・ブロッホやG・K・チェスタトンなど多くの人が議論をしている。またスラヴォイ・ジジェクのように精神分析や社会学の枠組から探偵小説の言説を分析するような例も少なくない。

それでは本書の探究はどこに自分の場所をもっているのか。振り返ってみれば、本書のような探究に関心をもったのは、英国のミステリーにおいて「凄惨な殺人事件」がしばしば「のどかな田園」を舞台に起こっているという指摘に出会ってからのことだろう。言われてみればそうなのだが、それがなぜかというと答はむつかしい。

たとえばその答を、作品の外部にいる作家や読者という主体たちの属性や条件から考えるのも一つの方策かもしれない。だがそれは、作品の内部に見られる現象を、作品の外部にある現実から説明することになる。そこでは作品をかたちづくっている言説の固有性はなし崩しに消えていく。このような解釈の手法は、「作品の機能」をさまざまなかたちで評定する政治学的分析に帰着するだろう。他方、これに対抗して、作品の内的な自律性に固執すると、「作品が抱える意味作用の構造」にかんする分析、つまりある種のテクスト・クリティクや意味の現象学に帰着するだろう。

こうした解釈や分析の手法はよく見受けられるものである。いずれの場合も、作品をテクストという意味作用の組織に還元し、また作品の内部/外部という二分法に則ってその意味を確定しようとしている。

まず、機能主義的な解釈はテクストの価値をその外部の文脈に還元してしまう。作品の外部にある世界に、テクストの意味を定める規準となるような出来事が起こっていると考えるからである。ここではテクストにかかわる言語表現の営みは出来事の世界から閉め出され、一つの表象に転化している。他方、意味の構造にかかわる分析論では、テクストの内部に出来事を求めるが、そのような出来事はある意味の空間の内部で解釈される現象にしかすぎない。しかし、ほんとうに出来事を求めるならば、そのような意味の空間の存在そのものを一つの出来事としてとらえ返さねばならないのである。

探偵小説について考える場合も、テクストを扱うという側面は避けえないだろう。だが、テクストという意味作用の場に確かさや強度を与えている「言説の営み」そのものに眼を向けねばならない。作品をこしらえている言語表現を、すべてテクストという意味作用の組織に還元するのはあまりに一面的な操作なのである。テクストという薄い表層は言語表現の厚みから抽出されるものであり、その厚みは言説の営みによって張り出されているからである。われわれはこの営みに注目し、その営みの固有性を分析しなければならない。

重要なのは、作品という視点、あるいはテクストの内部／外部という二分法から離れてものを見ることである。すなわち、その作品によって名指される言語表現の地層を無言のうちに縦断している、言説の厚みに視線を振り向けるべきなのである。出来事とは、この言説の厚みが、あるとき、ある固有のかたちをとったことをいう。そこで言説とは人びとのまなざしや知覚や思考の様式といった社会性の場を定める営みのことである。こうした社会性の形態がどのようになっているのかを分析することは、新しい社会学の課題になるといえよう。

言説というのは、透明な記号や表象のことでもなければ、テクストの物質性という言葉によって陥りやすい魅惑的な彼岸の実在のことでもない。われわれは言説を、まさにそれ固有の厚みにおいて、そこに意味作用の空間をある傾きのもとに発生させる場として、つまり出来事としてとらえるべきである。意味作用の空間は宙空に発生しているのではなく、その都度、ある社会的な勾配をもった場に発生しているのである。言説とはその場で発生するテクストの意味作用にかけられている知覚の勾配のようなものである。本書はこの知覚の勾配がどのような布置を描くのかを見定めたいと考えている。

それゆえ本書では、探偵小説を扱うのに、作品やテクストという視点をくぐり抜けながら、出来事としての言説という水準において事態を見定めることを基本的な目標としている。現在の社会学は言説分析を消化するなかで、さまざまな誤解や混乱を生みだしている。その多くはマルクス主義の不在を埋め合わせるような、機能主義的な政治学や解釈学によるものであり、批判的主体であることへの欲望に自分を同調させ、不安を解消しようというものである。こうした批判とその主体性の安易な享受とは無縁なところで、批判の精神が自己の同一性を試すことが可能であるという思いが、本書の探究を導いたのだといえよう。

ある研究会でこうした報告を行ったことが機縁となって本書を書くことになった。本書の編集者から「面白い本にしましょう」という励ましの言葉をもらった日から一年半ほどすぎてしまったが、感謝の気持をこめて一つの区切りにしたいと思う。

# 目次

# 第一章　猫と探偵と二十世紀

# 一　起源と模倣

日本にも古くから犯罪文学、あるいは探偵趣味をもった作品が書かれてきたという指摘は少なくない。たとえば『板倉政要』が写本で広く流布し、また慶安二(一六四九)年には、宋の四明桂編による疑獄談集『棠陰比事』の翻訳物である『棠陰比事物語』が刊行され、その後も裁判物が人気を博したという経緯がある。(1) 元禄二(一六八九)年には井原西鶴が『本朝桜陰比事』を著し、宝永五(一七〇八)年には『鎌倉比事』、その翌年には『日本桃陰比事』が世に出ている。また、中国の騙術奇談の系譜につながるものとしては、西鶴の弟子にあたる北条団水の『昼夜用心記』(一七〇七)、あるいは月尋堂の『世間用心記』(一七〇九)があり、詐欺・騙術の事件を扱いながら、用心を喚起する教訓風の短編集もよく読まれたという事情がある。(2)

だが、こうした裁判/政談物あるいは騙術/教訓物の系譜と近代日本の探偵小説とのあいだにはやはり無視できない断層がある。探偵小説の内容が部分的に近世のある種の物語とよく似ているとしても、それは探偵小説の成立という事態とはまた別のことだといえよう。近代日本の探偵小説は欧米の十九世紀の大衆市場に出現したある小説形式の輸入と移植を通じて形成されたものであり、のちに見るように「探偵」とは近代性を生きる人間の不安に通底する現象だからである。

探偵小説の登場は新聞の犯罪報道と密接な関係にあるが、それは、両者がともに近代的な大衆の興味と不安をわかりやすいかたちにコード化すると同時に商品化する消費の市場に成立していたからである。探偵小説や犯罪報道に見られる重要な側面は、ある種の娯楽の形式において不安を消費することである。それは不安の解消であるが、同時に不安のわかりやすいコード化でもある。たしかに探偵小説の言説は新聞の犯罪報道とは異なる形式をもっている。だが、異なる仕方ではあれ、不安の消費を通じて、近代社会の社会性が再確認され、権力の監視機能が中継されるという側面があり、その意味で両者は同じ言説の地層に属していたといえよう。

十九世紀の欧米に発する探偵小説に特徴的な形式をみたすような作品＝商品を求めて、日本近代における創作探偵小説の歴史を探っていくと、黒岩涙香の『無惨』という小説に行き当たる。この短編作品はコナン・ドイルの『緋色の研究』に遅れることわずか二年、一八八九年九月に、小説館の定期刊行物である『小説叢』誌に発表された。涙香はその少し前からヒュー・コンウェイ、エミール・ガボリオ、デュ・ボアゴベらの翻訳を手掛け、『今日新聞』をはじめいくつかの新聞紙上に発表していた。明治二〇年代の前半に、涙香は『法庭の美人』(一八八八)、『人耶鬼耶』(一八八八)、『劇場の犯罪』(一八八九)、『何者』(一八九〇)など多数の翻訳物を紹介しており、大衆的な人気を博していた。しかし、涙香自身の本格的な創作探偵小説としては『無惨』一篇が知られるのみである。ここでは以下に、『無惨』という作品がもっている言説的な布置について考えてみたい。

『無惨』という作品は、ガボリオのルコック探偵を強く意識している面もあるが、その内容においてはエドガー・アラン・ポーのデュパン物に準拠するような「推理」が展開されており、古典的な探偵小説の条件をほぼみたしている。江戸川乱歩のいうように、犯人の側に格別なトリックがないという点もあるが、(3)それならば『モルグ街の殺人』でも同じことである。明治二〇年代前半には、そのほかに須藤南翠(『硝烟劒鋩・殺人犯』)、幸田露伴(『是は〳〵』、『あやしやな』)、山田美妙齋(『盗賊秘事』)らも犯罪譚や探偵物を書いているが、いずれも『無惨』ほど十分に探偵小説の形式をみたしているわけではない。また、小林一三が慶応義塾の学生時代に『山梨日々新聞』に連載した『練糸痕』(一八九〇)もその途中で終っている。

南翠外史の『殺人犯』(一八八八)は『無惨』より一年早く刊行されている。この作品では冤罪を着せられた人物の有罪・無罪を争う人情の交錯に主な関心が注がれている。それは真犯人の犯行を確定する推理と分析の具体的なプロセスの記述が薄弱であり、結局、「信愛貞烈相倶に死獄を救ふ」という人情物語に終っている。(4)この作品は涙香の最初の翻訳探偵小説である『法廷の美人』(一八八八)と同じように法廷にかかわるが、実態はむしろ日本の「裁判物」の系譜に近いといえよう。

他方、露伴の『是は〳〵』は『無惨』と同じ一八八九年に雑誌『都の花』の九月上旬号に発表されている。この作品は、東京でも高名な質屋が大掛かりな「詐欺」にはめられそうになるが、質屋の甥である理学士の機転によって詐欺師の一団を追い払うことに成功するという短い話である。ここでも理学士は複雑な推理や分析をするわけではないし、そのプロセスが主題というわけでもない。

しかも、草稿の署名に「北条団水作意、蝸牛露伴新述」とあるように、創作ではない。この作品は北条団水の『昼夜用心記』巻六の一にもとづいており、詐欺と機知によるその解決という「騙術・教訓」物の色彩を帯びた話となっている(5)。

しかし、露伴が同じ雑誌の一〇月下旬号に発表した『あやしやな』(一八八九)では、薬学的なトリックを用いた毒殺事件を取り扱い、また事件の背景にある「過去の探究」もあって、古典的な探偵小説の形式をそなえたものとなっている。主役の探偵は警察署長のぶらいという人物にはっきり形象化されており、ぶらいとは罠をめぐらして犯人を精神的に追いつめ、自白にまでもっていく。だが、犯人のトリックは単純で、推理と分析の過程も単線的で浅いものでしかない。しかも、殺された被害者の幽霊が探偵の夢に出てきて事件解決の糸口を与えるなど、科学的検証や論理への志向が中途半端に終っている。『無惨』に比べると、探偵小説としての意識や構成はまだ幼い形態にあるといえよう。

『無惨』という作品をみると、それはある夏の朝、東京は築地海軍原の川中に浮かんだ、見るも無惨な死体の発見を伝える「新聞報道」の紹介を通して物語がはじまる。この物語は、それが書かれた時期も早いのだが、以下に示すように、叙述の形式においても十九世紀欧米の探偵小説に比べて見劣りのない水準に達している。

まず第一に、この物語の「構成」を見ると、

①疑団(上篇)——死体の発見
②忖度《そんたく》(中篇)——推理の紆余曲折
③氷解(下篇)——真相の解明

という順序で描かれており、探偵小説に典型的な構成がとられている。まず「死体の発見」によって物語がはじまり、次に難解な事件の謎をめぐる探偵の捜査と推理に「紆余曲折」があり、最後に事件の「真相の解明」となる。この探偵小説の見せ場は「中篇(忖度《そんたく》)」において主人公・大鞆探偵が萩沢警部(長官)の前で展開する推理にある。そこで探偵は場当たり的な捜査によるのではなく、科学的な検証と論理の組み合わせによって、死体が握っていた「髪の毛」の分析から犯人像を特定していく。江戸川乱歩の『D坂の殺人事件』(一九二五)では、(上)事実／(下)推理、という二部構成がとられているが、その具体的な内容構成は『無惨』の場合とほぼ同じである。

このような構成がとられるのは、物語の主眼が「教訓」や「怪奇趣味」にあるのではなく、むしろ探偵(作者)との推理ゲームに読者も参加できるような形式を志向しているからである。涙香はこの作品において、読者を惹きつける要素を「推理」の過程とその面白さに求めるべきことを自覚している。その意味で『無惨』は、同時期の露伴が幽霊を持ちこんだり、あるいはのちに疑獄や犯罪の珍しさ、不可思議さを求めるのが探偵小説であるという理解を示しているのに対して一線を画しているといえよう(6)。

しかも、『無惨』における作品の内容構成は、江戸川乱歩による次のような探偵小説の定義をほぼ満たしている。

探偵小説とは、主として犯罪に関する難解な秘密が、論理的に、徐々に解かれて行く経路の面白さを主眼とする文学である。(7)

これによれば探偵小説の言説は、「秘密の論理的な解明」の過程を主題とする点において、犯罪小説や怪奇小説、幻想小説、冒険小説とは異なり、それ独自の秩序をもっていることになる。涙香も西欧の探偵小説の膨大な読解やその翻訳・翻案の経験を通じて、自分の作品が探偵小説として何を志向し、何を主眼に描くのかということに十分自覚的だったのである。

第二に、『無惨』という作品の「人物設定」を見ると、謎を解く「名探偵」役(大鞆)と、これに絡むようにもう一人の「凡庸な探偵」(谷間田)が登場する。前者は若いが慎重で、論理的・科学的な推理をするという設定である。後者は経験重視で、自信満々のベテランだが、誤った推理を滔々と展開し、滑稽視される役割を演じている。全体として、推理と分析が粗雑な経験主義を上回るという、ポーがはじめた古典的な探偵小説の形式を踏襲している。この二人の対照的な位置づけについては、作品の最後にある萩沢警部の言葉に集約されるだろう。

……大鞆は谷間田を評して「君の探偵は偶《まぐ》れ中《あた》りだ今度の事でも偶々《たまたま》お紺の髪の毛が縮れて居たから旨く行た様な者の若しお紺の毛が真直だッたら無罪の人を幾等《いくら》捕えるかも知れぬ所だ」と云い谷間田は又茶かし顔にて「フ失敬なッ、フ小癪な、フ生意気な」と呟き居る由《よし》独り荻沢警部のみは此少年探偵に後来の望みを属し「貴公は毎《いつ》も云う東洋のレコックになる可しなる可し」と厚く奨励すると云う。(8)

**図1**　会話する大鞆探偵(右)と谷間田探偵

探偵デュパンとその友人、あるいはホームズとワトソンの場合は「名探偵／その凡庸な友人」という人物設定で、「凡庸な友人」の第一人称による記述という形式をとる。この形式には、①第一人称の直接の語りによって事件の記述に臨場感を与える、②平凡人の眼によって事実関係を読者にも公平に提示し、探偵と読者のあいだの推理ゲームをフェアーなものにする、③探偵の内面を自由に覗くことのできない謎めいた領域にし、探偵の超越性を担保する、といった利点がある。(9)

『無惨』においては、語り手の「凡庸な友人」役は不在であり、記述は匿名の第三人称で行われている。エルキュール・ポワロのシリーズ、あるいは明智小五郎や金田一耕助のシリーズでも、匿名の第三人称による記述が見られる。『無惨』の場合は、第一人称の語り手が「凡庸な友人」として物語の内部に設定されておらず、作者自身が「語り手」の役割を引き受けている。しかもこの三人称による記述は、主人公である探偵の内面にはほとんど立ち入らず、外側からの客観的な描写を主としている。

古典的な探偵小説では、物語の「語り手」(凡庸な友人)のほかに、しばしばもう一人の凡庸な人物が登場する。それは友人と未分化の場合もあるが、積極的には、探偵と推理を競い合う「ライバル」として人格化される。デュパンなら警視総監、ホームズの場合にはレストレード警部である。ポワロとその友人ヘイスティングズ大尉の場合にも、ジャップ警部がそのような役割を引き受けている。これらの「劣った競争相手」はたいてい警察に属している。警察は公的な「権力」の担い手だが、これらの探偵は市民社会の側にあって、貨幣と引き換えに事件を調査し、謎を解明する「私人」である。

『無惨』の場合、ルコック探偵やカップ部長刑事のように、大鞆、谷間田の両探偵はともに刑事警察に属している。そこでベテランの谷間田探偵は基本的には「劣った競争相手」の役割を演じている。ただし新参の大鞆探偵も刑事巡査であり、ここでは探偵の職業的な分離が行われていない。のちに述べるように、探偵が公権力と市民社会のどちら側に所属しているのかということは重要な問題だが、この作品では正義を執行する主体の場所についてまだ明確な区別の意識がない。この区別の意識の不在は、ある意味で、この時期の日本社会の近代性の程度に相関しており、また涙香がその状況を表象する仕方にもよっているといえよう。

第三点として、『無惨』という作品では、物語の謎を解いていく「探偵の推理」は、新聞による「犯罪報道」の言説とは異なる科学的で専門的な言説として構成されることが強調され、意識的に差異づけられている。ポーの『マリー・ロジェの謎』では、デュパンが新聞のセンセーショナルな言説にたいして「方法」に裏打ちされた探偵に固有の言説を対置するが、『無惨』でもそのようなスタイルが踏襲されるのである。大鞆探偵はハイポセシス(仮定説)を立て、それをヴェリフィケーション(証拠実験)するという「方法」を重視し、探偵による推理の言説が固有の価値をもつことを強調している。

「犯罪報道」は実際に起こった事件を扱うものだが、それは必ずしも事実の報道とはいえない。「犯罪報道」の言説は、犯罪小説や、犯罪者の一代記、刑事の回顧録のような言説と隣接し、ある意味でオーヴァーラップしている。『ニューゲイト・カレンダー』に見られるような死刑囚の懺悔録の系譜、ボウ・ストリート・ランナーズ(警吏)の回想記、あるいはヴィドックの回顧録のように警察側にいた人間の言説、そして探偵実話や、裁判記事などの類いも、それらが商品として消費されるかぎり、作り話や脚色が入り混じっている。(10) 読者はそれらを実話として受け止めるようにみえるが、それも道徳や教訓の回路のなかにおいてであり、実際にはセンセーションや好奇心の満足が大きな意味をもっている。

新聞の「犯罪報道」における言説の主題は、事件の推理や分析の過程よりも、むしろ事件そのものの経過にあり、さらにいえばその経過が読者に喚起するセンセーションや教訓にある。また、その言説が関心をもっているのは、「探偵」の論理ではなく、事件を起こした「犯人」と被害者の運命である。この意味でそれは探偵小説の言説とは異なっている。犯罪報道の枠組はそこで、危険な「犯罪者」、つまり日常生活には無縁な存在を、日常生活に隣接する〈卑近な存在〉として人びとに知覚させ、印象づける。犯罪報道はこの点で司法や警察の取り締りを支え、直接に補完するような言説となっているのである。(11)

他方、探偵小説も、そこに書かれていることが必ずしも虚構であるとは限らない。それは犯罪報道が必ずしも事実ではないのと同様である。つまり両者の違いは、虚構／事実といった二分法の軸の上にあるのではない。探偵小説においても実話を素材として、そこに作者の推理と解釈が行われることがあり、それが現実の捜査に影響を及ぼすこともありうる。たとえば『マリー・ロジェの怪事件』は場所や人物の設定を変えているが、事件は実際に起こったものを素材にしている。その意味では、探偵小説は新聞の犯罪報道と重なり、交錯する面をもっているといえよう。

だが、探偵小説と犯罪報道のあいだには重要な差異が存在する。それは探偵小説が事件の渦中に「探偵」という超越的なまなざしの主体を挿入するからである。この探偵のまなざしが支配する閉じた世界のなかで、事件はそれ自身の上に折り畳まれ、論理的な整合性をもつように編みなおされる。探偵小説はこのような編みなおしを通じて、日常生活に入りこんでいるごく普通の顔をした人間を犯罪者として、つまり日常生活とは別種の幻想的な世界に属している〈疎遠な存在〉として記号化することになる。探偵小説と犯罪報道において人びとは「疎遠な存在／卑近な存在」という犯罪者につきまとう二重性を不安げに消費するが、両者のあいだでは犯罪者を印象づける力点やベクトルが異なっている。だが、フーコーが示唆するように、この二重性の不安なたわむれを通じて、犯罪報道だけでなく、探偵小説の言説も、司法や警察の取り締りを受け入れるような知覚の様式につながっていくことを忘れてはならないだろう。(12)

第四に注意すべきは、『無惨』という作品がその重要なモティーフの多くにおいて、ポーの古典的探偵小説『モルグ街の殺人』を模倣した習作のようになっている点である。『無惨』において、事件は見るも「無惨な死骸」の発見を伝える新聞記事によってはじまるが、このアイディアはモルグ街のアパートにおける無惨な死体の発見とその「新聞報道」という事件のはじまり方をほぼそのまま踏襲している。作中にルコック探偵を意識する言葉が出てくるが、そこには涙香がガボリオの翻訳物を流行の商品にしていたという事情もあるだろう。だが、『無惨』の冒頭部分に「我国には仏国巴里府ルー、モルグに在る如き死骸陳列所の設けも無きゆえ」という記述があるように、『モルグ街の殺人』は『無惨』という作品のモティーフとして最初から小さな刻印を残しているのである。

ただし両者を比較すれば、『モルグ街の殺人』における母娘の死体の惨たらしさは人間業を超えたものであり、身体の恐怖や戦慄をはるかにつのらせるものとなっている。しかもその戦慄と不安は当時の社会にひらかれた人びとの日常にどこかで食いこんでいる。他方、『無惨』の場合はそうした恐怖の観念的な投射しかなく、事件も非日常的で特殊な事例のままに終っているという感が否めない。人間の身体が切り刻まれることの恐怖感や戦慄はポーにおいて何か妙な現実味を帯びているのに、涙香の作品ではそれは恐怖そのものというより、むしろ恐怖を表象する記号の水準にあるといえよう。

次に、事件の謎を解いていくうえで決定的な鍵を握るのが、現場に残された「髪の毛」であるという点にも模倣がある。しかも現場に残された髪の毛が人間の天然の毛ではないという点まで二つの作品は同じである。『モルグ街の殺人』では、死体がつかんでいた毛は人間のものではなく、オランウータンのものであった。他方、『無惨』では、死体が右の手に握っていた髪の毛は犯人の中国人が使用していた「入毛」であった。だが、この髪の毛という物証はきわめて重要で、のちに『無惨』が『三筋の髪』(一八九三)と改題されたのも、この小説の主人公が大鞆探偵であることを強調するだけでなく、「髪の毛にかんする推理」の冴えがこの探偵小説の重要な見所であることを涙香が強く意識していたことを窺わせるものである。

しかも、『モルグ街の殺人』でデュパンが「髪の毛」からオランウータンを特定する過程で比較解剖学の権威であるキュヴィエの著作を参照するように、大鞆探偵も「髪の毛」から犯人を特定する過程で「種々の書籍を取出しヤッと髪の毛の性質だけ調べ上げました」という。大鞆探偵はこの髪の毛をさらに顕微鏡で調べ、それが生まれつきの縮れ毛ではないことをつきとめるのである。さらにいえば、犯人の出身、そして事件の地平線が、事件の起こった本国に限られるものではなく、はるか外国にまでつながっているという類似点がある。『モルグ街の殺人』では、オランウータンはボルネオからきたものであり、それを運んだ水夫の発見によって事件は結構を整える。他方、『無惨』でも、事件の地平線は長崎から中国の上海にまでさかのぼるものであり、犯人は日本人ではなく、中国人という設定になっている。

このように『無惨』の基本的なモティーフの多くがポーの『モルグ街の殺人』に見いだされることは、この作品において探偵小説を構成する意識のありようを内側から物語っている。『モルグ街の殺人』はすでに一八八七年一二月に、竹の舎主人(饗庭篁村)の意訳というかたちで『讀賣新聞』の付録に連載されていた。「ルーモルグの人殺し」の内容と存在は広く知られていたわけだし[13]、涙香も自作の冒頭部分でわざわざパリのモルグ街に触れている。もちろん、『無惨』におけるポーのモティーフの反復が意識的で直接的なものかどうかはわからない。だが結果として、それらのモティーフの配合がこの作品に探偵小説としてのプロットを与えるうえできわめて重要な役割を担っていることは否定できないのである。

じつは涙香の『無惨』発表の二カ月ほど前、「川中の無惨な屍体の発見」という点で類似する

「築地の人殺し」事件が東京で起こっている。[14] この難事件が『無惨』の創作に影響を与えた可能性がないとはいえない。またその四年後、『萬朝報』は「兇漢澤口謙次郎」と題する実録犯罪物を連載して、澤口を築地の事件の犯人と推測している。[15]

しかしながら、この実録連載物が伝える事件の内容には不確かなところがあり、築地の事件と整合しない面も多い。ここでは実際の事件、実録犯罪物、そして探偵小説の言説が微妙な重なりと質的なずれをもって交差している。仮に探偵小説『無惨』と「築地の人殺し」事件が関連するとしても、それは必ずしも小説『無惨』がたんに類似の素材に触発されたというような単純なものではない。[16] むしろ、右に見てきた一連のモティーフからなる解読格子のシステムを通してその素材が「類似のもの」として発見されるのであり、他の素材も含め、この解読格子を通して探偵物語が構成されているのである。

最後にもう一つ確認しておきたいことは、黒岩涙香におけるジャンルの自覚という問題である。涙香は、自分の作品が美術としての「小説」でもなければ、純粋な「論理書」でもないことを認めている。また、その作品を「小説にはあらず、記事なり」といい、記事といっても「事実を写したる記事にはあらで、心に浮かぶ想像を書き表したるまでの記事なり」という。涙香自身は探偵小説の明瞭な定義をしたわけではないが、①「小説」でもなく、②「論理」の書でもなく、③また「事実」を写す記事でもなく、④ある特異な「想像」の領域が存在していることをわきまえ、自分がそのような想像力の領域にかかわっていることに自覚的であったといえよう。
涙香は自分の訳述した探偵小説について次のように述べている。

余は屢々《しばしば》探偵談を訳したる事あり然れども文学の為にせずして新聞紙の為にしたり、魯文派の小説が稍《や》や読者に飽《あき》られたる様あるを見て、斯《か》ゝる続き者も西洋には有りとの事を知《しら》せ度《た》き積りにて訳したるのみ、小説に非《あら》ず続き物なり、文学に非ず報道なり、(17)

涙香は、自分が「探偵談」を翻訳し続けたのは、西洋にはそういう想像力の領域にかかわる「続き者」があることを人びとに知らせるため、つまりその意味では「報道」の精神にもとづいているというのである。また、それは『萬朝報』など新聞経営の観点から大衆の好む「商品」に仕立てるという資本の関心においてしたことであり、文学のためではないという。

涙香がこのような自覚を深めていく背景には、島村抱月が『早稲田文学』一八九四年八月号で「貸本屋の荷車に在りて平常最も多くの花主を引くもの、探偵小説に如くはなし」と書いたような探偵小説の流行と、(18)それにたいする文壇、とくに硯友社からの嫉妬や反発があった。実際、尾崎紅葉は硯友社のなかから探偵小説を書く「決死隊」を募り、探偵小説退治のため、春陽堂と組んで探偵小説文庫を安価で刊行していった。また島村抱月も、探偵小説は「秘密の解釈」にしか本来の面目がなく、詩的快楽を従とするものであると批判していた。(19)抱月によれば、探偵小説には「索究的価値」しかなく、一度秘密を知ってしまうと再読には耐えない。また、それは小説のように「世態人情の真《トルース》を描破する」ものではない。したがって探偵小説が「小説」を自称するのは僭越だというのである。

涙香は、探偵小説が「文学界を荒らす」、「芸術を冒瀆する」という非難をかわすために探偵小説と既存の文学界との棲み分けを唱えた。涙香はそこで自分が訳述している探偵談を「ストーリー」と称し、「ノベル」すなわち「小説」と区別した。しかし、こういう区別はたんに便宜的な譲歩にすぎなかった。『無惨』の改題作である『三筋の髪』について、涙香がそれを「探偵小説」と称しているとおりである。むしろ涙香は、流行にたいする文壇の人びとの「露骨な狭量」を批判し、「探偵談の進歩して小説に入りたる者も有り又有名なる人情的小説の中にも探偵談と組立を同じくしたるものある」ことに注意を喚起したのである。(20)

涙香は創作探偵小説『無惨』を書いたが、結局、創作はそれ一つで尽きている。しかもすでに見たように、その作品は翻案ではないにしても、ポーの『モルグ街の殺人』にあるようなモティーフを得て構成されたものとなっている。起源の探偵小説と呼ばれるものはついに孤立したまま、また当然のことながらある種の模倣のままに終ったといえよう。その創作＝模倣はたしかに探偵小説という形式の意識に貫かれてはいたが、彼のいう「報道」や紹介の色彩を帯びたものであり、西洋の探偵小説のさまざまな翻訳の仕事と密接につながっていた。

そこには創作の能力にたいする内在的あるいは外的な限界もあったと思われる。なぜなら、涙香は新聞経営のために、明日はどうなるのかという興味を喚起する「続き者」をひっきりなしに書き継いでいく必要があったからである。新聞紙のために彼が書かなければならなかった作品の数はあまりにも多すぎた。彼に要請されたのは、「次に何を紹介するか」という西洋の作品にたいする鑑識眼と、それを翻訳する「報道的な文章の技芸」である。涙香にとってそれは不安定な創作の能力と異なり、つねに一定の水準に保ちうる技だったのである。また、それを裏返してみれば、涙香がその訳述の技に自分の文芸を見いだしていたということでもあるだろう。

しかしながら創作への壁は、涙香自身の能力や趣味の問題だけでなく、探偵小説という言説が近代社会の大衆の不安に関係しており、またその言説が近代的な大都市の文化感性を表現するという構造上の問題にも起因している。涙香は探偵小説という形式を知ってはいたが、ほとんどその訳述・報道の技芸に徹していた。この事情は涙香のみならず、この時期の日本の探偵小説が翻訳・翻案と入り交じった奇妙な世界であることに現れている。そこには探偵小説という輸入物の言説を消費する大衆はいても、それを書く主体＝作者の成立が立ち遅れているという微妙なずれがあった。創作物を書く主体が反省的に自律するのは、谷崎潤一郎、芥川龍之介、佐藤春夫を経て、江戸川乱歩の時代になるといえよう。

涙香が残したのは最初の、そしてただ一度書かれた探偵小説であった。他方、涙香の熱心なファンをつくったのは数多くの翻訳小説のほうであった。『無惨』を起源の探偵小説にしたのは、後の時代の、ある種の歴史主義に貫かれた批評の言語であった。起源の役割は、後続する作品を、その現実の連関から抜き去り、起源との関係において理解する道筋を与えるものである。だが同時に、それは出版資本の商業的な政策とも通じていた。涙香の『無惨』を日本の探偵小説の起源とする説は柳田泉を介して、江戸川乱歩や中島河太郎がもたらしたものといえようが、木村毅が次のように述べているのが注目される。

これで分るとおり、大正時代、涙香ブームを作りだしたのは、私と平林初之輔と柳田泉の三人だと、私たちはうぬぼれていた。昭和になって江戸川乱歩君が熱心に蒐集を始め、私は熱がさめていたから家蔵英原本の若干を贈呈してこれを助けたこともある。(21)

実態をいえば、日本の探偵小説の起源は一つではなく、無数の、しかも翻案・翻訳小説であり、模造品の群れであったというのが正確だろう。それらは創作であると同時に模倣であり、また大量生産された商品の一種であった。そうした模倣の大きな波に混じりながら、『無惨』という作品が早い時期に探偵小説の古典的な形式をほぼみたしていたということなのである。後世の意識は『無惨』に創作の起源を求めるが、それはまさに『無惨』が模倣であるから、つまり十分な模倣の度に達しているからというほかはない。その意味でこの作品は模倣の群れに埋めこまれている。

ここで考えてみなければならない問題は、その作品がみたしていた探偵小説という言説の形式であり、その中心に位置する「探偵」という存在、そして探偵が行使する知覚の形式やまなざしの構造にある。抱月は「秘密の解明」と簡単にいうが、「秘密」とは何を意味しており、どのような構成をもっているのか。また、そのような秘密を探る「探偵」という存在に、ある社会が強い関心を寄せていく構造とは一体どのようなものなのだろうか。

## 二　猫と探偵

二十世紀のはじめ、「探偵」という不可解な存在にきわめて敏感に反応し、また悪感情を抱いていたのは何といっても夏目漱石だろう。『吾輩は猫である』(以下『猫』と略記)はそのことをよく示している作品である。『猫』は高浜虚子の主宰する『ホトトギス』に一九〇五年一月から翌年の八月にかけて掲載され、作品が完結したのは漱石が三九歳のときである。同じころに『倫敦塔』、『幻影の盾』、『坊っちゃん』などが書かれているが、虚子によれば、最初の「猫」は一回読み切りの予定で、もっとも早く、一九〇四年一一月末から一二月初めのころに書かれたという。また、幸か不幸か世間の評判になったのも『猫』であり、漱石にとって『猫』が最初の「小説」ということになっている。

漱石は最初の「猫」が好評のため、「猫（続篇）」を書き継いだが、これも好評のためさらに書き続けることになったという。その結果、期間も一年半を超える長編となったが、この小説にはある一貫した「構造」と奇妙な「偏見」がある。偏見というのは「探偵」という存在に対するきわめて執拗で辛辣な批評の言葉から窺われるものである。二十世紀の文明や金権にたいする苦沙弥先生の批判にはそれなりの理屈もある。だが、「探偵」にたいする批判にはどうも辛辣というより「憎悪」に近い感情があり、この態度はこの作品の底辺を始めから終りまで一貫しているといえよう。

たとえば猫の「吾輩」は、金田の娘と結婚話が持ちあがった寒月君のためと称して、自ら金田邸に忍びこみ、情勢を窺おうとするが、そのとき「吾輩」は次のように語っている。

> 忍び込むと云ふと語弊がある、何だか泥棒か間男の様で聞き苦しい。吾輩が金田邸へ行くのは、招待こそ受けないが、決して鰹《かつお》の切身をちよろまかしたり、眼鼻が顔の中心に痙攣的《けいれんてき》に密着して居る狆《ちん》君抔《など》と密談する為ではない。――何《なに》探偵？――以《もつ》ての外の事である。凡《およ》そ世の中に何が賤《いや》しい家業だと云つて探偵と高利貸程下等な職はないと思つて居る。(22)

「吾輩」は自分が金田家の動静を窺うのは「義侠心」からであって、猫の良心に恥じるような陋劣な振る舞いはしたことがないと見得を切る。だが、「吾輩」がやろうとしていること、また実際にやっていることは、「吾輩」の非難する探偵行為そのものである。そこで、自分としては「探偵をする気はない」のだが、忍びこむのが重なるにつけ、自然と金田家の事情が見たくもない眼に映じ、覚えたくもない脳裏に印象を留めることになっただけであり、「吾輩」はそれをやむを得ないことだと弁解するのである。

猫の「主人」の苦沙弥先生も同様の態度である。家に泥棒に入られ、山芋を持って行かれるという事件があったが、ある日、警視庁刑事巡査がその泥棒を捕えて先生の家まで連れて来た。その応対のあと、苦沙弥先生はその刑事について、「無論只の商売ぢゃない。探偵といふいけすかない商売さ。あたり前の商売より下等だね」という。しかも、ここでは刑事がすこぶる威厳のない腰つきで、泥棒のほうが背の高い、いなせな唐桟づくめの男であると、皮肉な描写を行っている。

小説の終りのほうになって文明批判の議論を吹きかけるときも同じである。苦沙弥先生は勢いこんで次のように弁じ立てる。

不用意の際に人の懐中を抜くのがスリで、不用意の際に人の胸中を釣るのが探偵だ。知らぬ間に雨戸をはづして人の所有品を偸《ぬす》むのが泥棒で、知らぬ間に口を滑らして人の心を読むのが探偵だ。ダンビラを畳の上へ刺して無理に人の金銭を着服するのが強盗で、おどし文句をいやに並べて人の意志を強《し》ふるのが探偵だ。だから探偵と云ふ奴はスリ、泥棒、強盗の一族で到底人の風上に置けるものではない。(23)

「探偵」にたいする激しい攻撃の背景には、漱石のロンドン留学のときの穏やかならぬ影がある。漱石は一九〇〇年の秋から二年ほど英国に留学しているが、そのときの状況について、『文学論』の序で次のように皮肉混じりに書いている。

倫敦に住み暮らしたる二年は尤も不愉快の二年なり。余は英国紳士の間にあつて狼群に伍する一匹のむく犬の如く、あはれなる生活を営みたり。

……

英国人は余を目して神経衰弱と云へり、ある日本人は書を本国に致して余を狂気なりと云へる由。賢明なる人々の言ふ所には偽りなかるべし。たゞ不憫にして、是等の人々に対して感謝の意を表する能はざるを遺憾とするのみ。(24)

おそらく漱石は、誰かが知らぬ間に自分のことを盗み見し、発狂の噂を立て、それを日本にまで伝え送ったことに対して、卑劣な「探偵」行為の原型を見たのだろう。とはいえ、それは事態の一面にすぎない。たしかに漱石は「探偵」にたいして口をきわめた批判を行っている。だが、もう少し読んでみると、その批判は「探偵」という存在の仕方そのものに通底する近代文明の批評につながっていることがわかるだろう。

『猫』を書く漱石にとって、「探偵」とはたんに個別の職業であるだけでなく、二十世紀の文明を生きる人間の存在の仕方そのものを象徴している。苦沙弥先生の家で哲人の独仙君が「探偵と云へば二十世紀の人間は大抵探偵の様になる傾向がある」が、それはどういうわけなのかと問いかけるのに対して、苦沙弥先生は「僕の解釈によると当世人の探偵的傾向は全く個人の自覚心の強すぎるのが源因になつて居る」と答えている。そして次のような議論を展開する。

今の人の自覚心と云ふのは自己と他人の間に截然《せつぜん》たる利害の鴻溝《こうこう》があると云ふ事を知り過ぎて居ると云ふ事だ。さうして此自覚心なるものは文明が進むに従つて一日〳〵と鋭敏になつて行くから、仕舞には一挙手一投足も自然天然とは出来ない様になる。ヘンレーと云ふ人がスチーヴンソンを評して彼は鏡のかゝつた部屋に入つて、鏡の前を通る毎に自己の影を写して見なければ気が済まぬ程瞬時も自己を忘るゝ事の出来ない人だと評したのは、よく今日の趨勢を言ひあらは

図2 『吾輩は猫である』上篇の挿絵(中村不折画)

して居る。(25)

苦沙弥先生によれば、「寐てもおれ、醒めてもおれ、此おれが至る所につけまつわつて居る」ために、世の中が窮屈になり、自分も苦しくなるというのである。この点において、「今代《きんだい》の人」は探偵的であり、泥棒的であると。

……探偵は人の目を掠めて自分丈うまい事をしやうと云ふ商売だから、勢《いきおい》自覚心が強くならなくては出来ん。泥棒も捕《つか》まるか、見付かるかと云ふ心配が念頭を離れる事がないから勢自覚心が強くならざるを得ない。今の人はどうしたら己れの利になるか、損になるかと寐ても醒めても考へつゞけだから勢探偵泥棒と同じく自覚心が強くならざるを得ない。二六時中キョト〳〵、コソ〳〵して墓に入る迄一刻の安心も得ないのは今の人の心だ。文明の呪詛だ。馬鹿々々しい(26)

苦沙弥先生によれば、二十世紀の文明は人びとのうちに利己的な「自覚心」を養成し、その結果、近代人は自分で自分をたえず探偵するような「神経衰弱」の状態に陥っている。たえず自己を追求し、監視してやまない「探偵」的人格と、その結果生じる「神経衰弱」は、ロンドン留学で漱石自身が悩んだ問題であるという以上に、近代人の存在形式ないし身体技術論にまで拡張して考えられるべき問題であった。

漱石の「探偵」に対する軽蔑は、それゆえ二十世紀にたいする軽蔑と平行している。同じ頃に書かれた『倫敦塔』（一九〇五）では、ロンドンが汽車、電車、馬車が走り、通行人が押し合うように行き交う、広大な都市であることを述べている。それはまさに二十世紀そのものだが、そのなかでロンドン塔が物憂げに、「冷然と二十世紀を軽蔑する様に立つて居る」姿を印象深く強調している。(27) もちろん、そこでいう二十世紀とはまだ緒に就いたばかりだが、神経衰弱と狂気を内蔵する文明としての二十世紀のことである。それは十九世紀を踏まえて形成され、同時に大きな戦争によって十九世紀から離れていく何かのことである。

だが、こうした批判は自分に回帰してくる。作中人物の「余」は、一方で、「汽車も走れ電車も走れ」の二十世紀にあって、「苟《いやしく》も歴史の有《あ》らん限りは我のみは斯くてあるべしと云はぬ許《ばか》りに立つて居る」倫敦塔に、ある種の救いのようなものを見いだす。しかし、その思いで宿に帰ってみると、宿の主人から、倫敦塔を形成するそういう歴史性自体が観光的な消費の対象として維持されており、その断片の多くが近代社会の作為的な模像であることを知らされる。「余の空想の一半は倫敦塔を見た其日のうちに打ち壊はされて仕舞つた」のである。(28) 近代社会はその外部に立つことを簡単には許してくれない。それは近代的な人間のありように対するある種のあきらめにもつながっていく。探偵を批判し、また二十世紀の神経衰弱的な文明を批判するにしても、自分自身がそのなかに深く取りこまれているのである。

それゆえ『文学論』の序においても、周囲の探偵的な監視の眼にたいする不満と同時に、それに重ねるように、皮肉な諦観と居直りの入り混じったような態度が見受けられる。先の引用に続けて、漱石は次のように書いている。

> 帰朝後の余も依然として神経衰弱にして兼狂人のよしなり。親戚のものすら、之を是認するに似たり。親戚のものすら、之を是認する以上は本人たる余の弁解を費やす余地なきを知る。たゞ神経衰弱にして狂人なるが為め、「猫」を草し「漾虚集」を出し、又「鶉籠」を公けにするを得たりと思へば、余は此神経衰弱と狂気とに対して深く感謝の意を表するの至当なるを信ず。余が身辺の状況にして変化せざる限りは、余の神経衰弱と狂気とは命のあらん程永続すべし。永続する以上は幾多の「猫」と、幾多の「漾虚集」と、幾多の「鶉籠」を出版するの希望を有するが為めに、余は長しへに此神経衰弱と狂気の余を見棄てざるを祈念す。[29]

漱石は「探偵」にたいしてたんに軽蔑的な態度を示しているだけではないのである。実際、『吾輩は猫である』の記述はまさに「猫」の探偵的な行為や観察によって成立している。探偵的な位置や視点を「猫」というかたちで確保することによってその観察と記述は可能になっている。ここで「猫」はある匿名の探偵の変装した姿であるともいえよう。「匿名の探偵」とはその眼の位置に読者を代入できるような存在である。しかも、「猫」は金田邸を探偵しにいくだけではない。家では主人の私生活を観察し、その日記までひそかに読んでいる。読者は「猫」に媒介されて、苦沙弥先生の私生活を覗き見することになる。要するにこの小説は、一方では、①文明が強制する「探偵」的な存在形式に対する批判であると同時に、他方では、②猫が演じるまさに「探偵」的な視点や行動によって成立している。

その後の漱石の小説、とくに後期三部作は、このように矛盾した二重性をベースにして成立している面がある。たとえば『彼岸過迄』（一九一二）では「平凡を忌む浪漫趣味の青年」田川敬太郎が登場する。彼は学校を出ても定職がなく、下宿暮らしをし、街を歩き回っている「遊民」であり、いつも「異常に対する嗜欲」に取り憑かれている。敬太郎は、この点だけを見れば、乱歩の『屋根裏の散歩者』（一九二五）に登場し、天井裏から下の部屋をひそかに探偵する「犯罪嗜好癖」の青年――この奇妙な「散歩者」は都市東京がさらに複雑な拡大の様相を呈し、また室内が合い鍵によってプライバシーを蓄えはじめたときに構想されたのだが――の先駆者のようでもある。[30]

田川敬太郎は、友人の須永に「君は何んな事がして見たいのか?」と問われ、「警視庁の探偵見たやうな事がして見たい」が、自分では探偵ができないと応じている。矛盾した答え方だが、敬太郎はその理由を次のように考えている。

> 元来探偵なるものは世間の表面から底《そこ》へ潜《もぐ》る社会の潜水夫のやうなものだから、是程人間《にんげん》の不

思議を攫《つか》んだ職業はたんとあるまい。夫に彼等の立場は、ただ他《ひと》の暗黒面を観察する丈で、自分と堕落して懸《かゝ》る危険性を帯びる必要がないから、猶《なほ》の事都合が可《い》いには相違ないが、如何《いかん》せん其目的が既に罪悪の曝露にあるのだから、予じめ人を陥れやうとする成心の上に打ち立てられた職業である。そんな人の悪《わる》い事《こと》は自分には出来ない。自分はたゞ人間の研究者否《いな》人間の異常なる機関《からくり》が暗《くら》い闇夜《やみよ》に運転する有様を、驚嘆の念を以て眺めてゐたい(31)。

敬太郎の理解では、探偵とは一方で他人の暗黒面を暴露するという意味で非道徳的な行為であるが、他方では世間の表面から底へ潜り、人間の存在の「深さ」にかんする探求を行うことでもあり、人間の真実に触れる行為でもある。重要なのは、この「深さ」が自然にそなわったものではなく、近代社会が要求する鋭敏な「自覚心」を媒介にして人間がもってしまう「深さ」だという点である。

敬太郎は、友人の叔父である田口から、ある男の行動を二時間ほど探偵して報知しろという内容の手紙を受け取る。彼は自分が何か危険な探偵小説のなかで重要な役割を果たす主人公の一人であるような心持ちがしてくる。と同時に、人の狗《いぬ》に使われ、他人の秘密を嗅ぎ出すという行為に、不名誉と不徳義を感じて苦悶もする。しかし、いろいろと思案をめぐらすうちに、敬太郎は次のような結論を出して、この探偵の仕事を実行してみようという気になる。

……たとひ他人《たにん》の内行《ないこう》に探《さぐ》りを入《い》れるにした所で、必ずしも夫程下品《げひん》な料簡から出るとは限らないといふ推断も付《つ》いて見ると、一旦硬直になつた筋肉の底《そこ》に、又温《あた》たかい血《ち》が通《かよ》ひ始《はじ》めて、徳義《とくぎ》に逆《さか》らう吐気《むかつき》なしに、たゞ興味といふ一点から此問題を面白く眺める余裕も出来《でき》てきた。それで世の中に接触する経験の第一着手として、兎も角も田口から依頼された通りに此仕事《しごと》を遣《や》り終《おほ》せて見やうといふ気になつた。(32)

探偵の観念はどうしても不徳義／正義という両義性のあいだを揺れ動く。それゆえ探偵小説は「名探偵」を登場させ、探偵と呼ばれる存在の重心を法と正義の側に移すことにより探偵行為を正当化していた。だが、それでも名探偵にはホームズやポワロのようにどこか異常な「奇癖」があったり、社会的な標識としてもアウトサイダーの位置が与えられている。

だが、こうした規範的な視点は探偵の存在にかんする消極的な理解しかもたらさない。敬太郎のいうように、探偵行為というのは「必ずしも夫程下品な料簡から出るとは限らない」からである。彼がここで「探偵」をしてみる気になったのは、不徳義／正義という道徳的な対立軸にこだわることから離れて、ある「興味」という一点から問題を眺めてみようという気持ちになったからである。敬太郎は探偵を自分が「世の中に接触する経験」の第一着手と考える。それはこの「世の中」が探偵という仕方でしか摑みえない「深さ」を蔵しているということであり、また「世の中」がもっているこの深さの構造にたいする「興味」が彼を探偵に向かわせていく。

この興味は「人間の異常なる機関が暗い闇夜に運転する有様」を眺めてみたいというような興味である。だが、その興味が向かうところの先にあるものは決して中途半端なものではない。『心』(一九一四)における先生の遺書では、この種の探偵小説的な人間の「有様」が暗い夜に血潮を飛ばしてくり広げられる。先生は友人の仮面をかぶりながら、Kとお嬢さんの行動を探り、その心理を疑い、欺くという不徳義を演じる。先生はいつしか「猫」のように探偵を演じ、ついには自ら死んでしまう。漱石は安心のない探偵的人間の末路に否定的な答を与えるのである。

越智治雄がいうように「敬太郎の探偵は、われわれを人間存在の深所に導く一つの方途」であった。[33] もちろん、自然そのままなところのある敬太郎は探偵という行為に窮屈さを感じるようになるし、また探偵の依頼が猜疑心の深い田口の悪戯であったこともわかってくる。結局、敬太郎は傍観者の域を出なかった。彼の演じた探偵行為は冒険とも探検ともいえず、本人以外の眼にはただ滑稽な児戯にしか見えないものだったかもしれない。だが、探偵という行為へ敬太郎を惹きつけた興味や関心はなお深刻なものに向かって残されたままである。「世の中」の底面に触れてみたいと思う彼の興味や関心は、やがて友人の須永と千代子という「二人の運命」に向かい、須永の長い告白を引き出すことになる。しかし、その告白が行き着く先にあるのは、須永という鋭敏すぎる男の「自分の正体」がわからないという不安な姿であった。

## 三　探偵とは誰か

そもそも「探偵」という存在について探偵小説はどのような像を与えていたのだろうか。黒岩涙香の『無惨』（一八八九）に登場する二人の探偵は、ともに警察の刑事巡査であった。彼らが務めている「探偵」という存在について、涙香の作品は相反する二つの評価を与えている。

刑事巡査、下世話《げせわ》に謂う探偵、世に是ほど忌《いま》わしき職務は無く又之れほど立派なる職務は無し……。（34）

一方で、「探偵」は人を欺き、その秘密を暴いて官に売りつけ、世のなかを渡っていく者であり、恐ろしく忌まわしい存在である。だが他方で、「探偵」は人に憎まれるのを厭わず、悪人を見破り、世人の安心を計る者であり、「身を殺して仁をなす」立派な職業であるという。漱石の『猫』とは異なり、『無惨』では後者の面が強調される。涙香はそのなかで探偵の存在を現実の刑事巡査から抽象し、西欧の名探偵を理想型とする職業として位置づけている。それは科学的で論理的な推理によって隠された真実を摘発する「正義の使徒」であった。

幸田露伴の『あやしやな』(一八九〇)の場合は、警察署長のぶらいとが主人公の探偵役を演じている。彼は捜査に失敗したことから犯人に恨みを抱くのだが、罠を仕掛けて犯人を追いこんでいく過程はむしろ情念の入り混じった「報復行為」の側面が強い。「正義の実践」という名目はあるにせよ、ぶらいとは犯人を倫理的に欺いて精神錯乱の状態にまで落としこむ。終りのほうで犯人の伯爵が「悪人ながら哀れなり」と評されるのに対して、この探偵役は「噫おそろしきぶらいとの智恵」といわれるように、策略と欺瞞の「怖ろしい主体」と化している。ここでぶらいとは勧善懲悪から、さらに犯人の悪を「報復」という仕方で反復してしまう。

たしかにポーの『盗まれた手紙』でも、探偵デュパンが「盗まれた手紙」を取り返すために、D大臣の犯行を反復するようなポジションを占めることになる。(35)だが、それは決して個人的な報復のためではなかったし、多額の「報酬」を受け取ることによって、探偵は「盗まれた手紙」にまつわる思惑や情念の連鎖から身を切り離していたのである。

泉鏡花の『活人形』(一八九三)になると、物語のはじめから主人公は、左の頬に名誉の三日月傷をもつ「倉瀬泰助という当時屈指の探偵なり」というふうに描かれている。倉瀬探偵の場合は、推理力というより「変装」や「捕物上手」という活動的な個性が強調される。倉瀬は涙香の大鞆探偵とは異なり、事件の渦中に介入し、事件そのものの変容を引き起こす主体である。また倉瀬探偵は、警部や巡査という警察の縦のラインに従うのではなく、一人で自由な捜査活動をするので、「私立探偵」に近いイメージをもっている。

この小説では事件の依頼人が倉瀬泰助に次のように訴える場面がある。

思い詰めて警察へ訴え出でし事もあれど、狂気の沙汰とて取上げられず。力無く生甲斐無く、漣《さざなみ》や滋賀県に侘年月《わびとしつき》を過すうち、聞く東京に倉瀬とて、弱きを助くる探偵ありと、雲間に高きお姓名《なまえ》の、雁《かり》の便《たより》に聞ゆるにぞ、さらば助《たすけ》を乞い申して、下枝（引用者注——許嫁の女性）等を救わむと、行李《こうり》そこそこかの地を旅立ち、一昨日《おととい》この地に着きましたが……(36)

この依頼人は、地元の警察では受けつけてくれない難事件の捜査を、東京の倉瀬という名探偵に頼もうとしたのである。ここでは警察と探偵吏との分離の兆しが見られる。まず、倉瀬探偵は警察のたんなる密偵や従僕・スパイの類いではなく、単純かつ積極的に「正義のヒーロー」である。また、彼は正規の警察権力から独立した、いわば遊撃手のようなかたちで事件を解決するわけで、「私的で自由な捜査の主体」のほうへ接近している。私立探偵（あるいは素人探偵）は、監視する警察の規律権力が市民社会の側に移植され、内面化されたことを標識する記号でもあるが、倉瀬はそのような私立探偵への移行の過程にある探偵だといえよう。

徳冨蘆花が民友社から刊行した『探偵異聞』（一八九八）には、老探偵、穴栗専作が登場するシリーズが収められている。原典は詳らかではないが、それを蘆花流に翻案したものといわれている。(37)このシリーズは「巣鴨奇談」をはじめとして穴栗専作が自ら探偵に当たった事件の話と、「毒薬」のように彼が人から聞いた探偵話からなっている。だが、穴栗自身が実地に経験した探偵話と、彼が他人から聞いた探偵話とのあいだに語り口の違いはあまりない。いずれも事件の事後報告書のようになっており、穴栗は過去についての反省的な言語の主体となっている。穴栗探偵は事件の現在に実存する探偵というより、事件の外側に立つ「語り手」の機能に人間の名称を与えたという印象が強いのである。

穴栗は探偵として変装が得意で、それによって犯人を欺く。また犯罪の目的、つまり犯行の動機を鑑定することから出発して推理を重ね、自分の推理を実地に検証することも忘れない。だが、穴栗探偵はその名前(専作=詮索)が示すように、探偵の機能一般に人間の名称を与え、人格化しただけにとどまっている。彼は警察に属す老練な探偵というのみで、その人間像や私生活についての記述は少ない。ここでは探偵が淡々とした語り手の機能を担うことに相関して、その人間的な造形が薄弱であり、探偵の自意識やその不徳義/正義ということもあまり問題にならない。ただ、「秘密条約」で伯爵が自分の名誉にこだわろうとするのに対して、穴栗は暗に大義を貫くことを要求する。(38)また、犯人に憐れみの情を垣間見せるときもある。穴栗老探偵は「正義」の人というより、ごく控え目にだが「仁慈」の心ある人として像化されている。

しかし、探偵にとって本質的な問題は不徳義/正義というたんに道徳的な次元にあるのではない。

探偵小説が示しているのは、正義と不徳義が単純に対立するのではなく、むしろ正義というものがある不徳義を通じて実現されることである。この正義を実現する主体は探偵である。だが、探偵小説には探偵と警察の分離があいまいなものも少なくない。この分離には探偵の所属する市民社会の成熟と自律という条件や視点が必要だろう。刑事が主役の探偵を演じることもあるが、その場合は警察という権力に属しながらも、しばしば「私服」で、市民社会に親しみのある人間的な側面を印象づけるようなキャラクターが描かれる。

この意味では、探偵小説は、警察の監視する視線(不徳義)を、探偵という人物(正義)を媒介にして、人びとの私生活の領域にそっと内面化する権力のゲームに属している。実をいえば、警察も探偵も同じように不徳義な視線を共有しているのである。ただ、おぞましい視線の主体が警察権力なのか市民社会の側に立っているのかという違いについては、市民社会の側に立っているほうが、規律権力の形態としてより完成された状態にあるといえよう。不徳義な視線が権力(刑事警察)によってではなく、私人である市民(名探偵あるいは素人探偵)によって引き受けられるとき、この視線にたいする人びとの抵抗力はほとんど麻痺し、抵抗はむしろ喝采に変わる。

ここにはD・A・ミラーが示唆するように、探偵小説の詐術とでもいうべきものがある。[39] 探偵小説では、事件に見舞われた人びとの日常生活は警察の疑惑と監視によって一時的に混乱に陥るが、探偵による事件の解明によって警察は引き揚げ、再び平穏な世界に立ち戻る。つまり探偵小説は、監視し、取り締り、規律づける権力が警察というかたちで市民社会の外部にあり、市民たちの日常生活はもともと犯罪や規律権力の行使とは無縁で平和な世界であるという幻想を与える。しかしながら、名探偵からアマチュアにいたるまで、探偵というのは権力の眼の巧妙な代理人である。探偵が市民社会の私人だとしても、彼らの厳しい視線の活躍は、監視する規律権力がすでに市民社会に拡散したかたちで深く内面化されていることを物語っている。

市民社会は個人を規律づける権力を内面化し、市民である個人そのもののうちにたえざる自己監視の状態を生みだしている。ミシェル・フーコーによれば、それは人びとを監視し、取り締り、規律づける「監禁的なるもの」の微細な網の目が社会全体——それ自身は不確定であれ——と外延を共有しあうように広がることである。つまり市民社会全体が監獄の形式をもつということである。そこで個人は監視の視線を自らのうちに抱えこみ、「自覚心」を異様に鋭敏にして、自己をたえず主体化することを要求される。夏目漱石はこうした「探偵的自覚心」の虜になった主体のありようを「安心なし」、「落ちつくこと無し」といい、二十世紀の文明病(神経衰弱)ととらえたのである。(40)

大正期になると、谷崎潤一郎の『途上』(一九二〇)のように、私立探偵が自分の事務所をもって登場するようになる。ここでも探偵は両義的な存在として描かれている。すなわち探偵は、①知らないあいだに犯人の秘密を握ったうえで、犯人を欺き、罠に陥れるのであり、どこかうさん臭い「不愉快な存在」にみえるが、他方では、②風采の立派な紳士のみなりをしており、巧妙な犯罪を暴き、法と正義を取り戻すために訪れる「復讐の女神」となっている。

だが、この作品で興味深いのは、犯人の動機がそのまま犯行結果に直結するのではなく、ある「確率」にゆだねられていることである。この作品はある男の妻殺しの犯罪を暴くのだが、その殺人がある不確定な蓋然性（確率）のなかで行われるという点に特徴がある。(41) 犯人は直接手を下さないが、妻が病死したり、事故死する危険や確率が高まるような操作を執拗に行い、ついにその結果を得る。谷崎は『新青年』（一九三〇年五月号）でこの作品をふり返り、次のように述べている。

> 今考へると、あすこで探偵の追究に対して、主人公にその心持ちを説明させて、「僕は自分が殺したとは思ひません」と云ふ理窟を捏ねさせたら、一層面白かつたかとも思ふ。或ひは又……。(42)

**図3** 『新青年』創刊号（大正9(1920)年1月号表紙）

ここでは動機は明瞭であるが、犯行内容が殺意を十分に満たすものではなく、その動機と蓋然的にしか対応していない。つまり動機と犯行にずれがあって、犯行主体としての犯人の同一性が相対化されているので「僕は自分が殺したとは思ひません」という弁明が可能だと考えられているのである。

これと対照的に、谷崎は『或る罪の動機』(一九二二)において、特別な意思や動機はなく、まったく自然必然に行われる殺人事件を考える。ここでは犯行内容は直截明瞭だが、その積極的な動機が欠けており、やはり犯行と動機にずれがある。犯人は被害者について「殺す理由がまったくない」ような人物であることが、まさに彼を殺す理由(動機)になったという。犯人の動機はこれという内容もなく、空虚な形式になっており、その同一性にたいする問いは宙吊りにされたままである。

他方、谷崎の『柳湯の事件』(一九一八)や佐藤春夫の『陳述』(一九二九)では、犯人の錯乱や狂気が動機の同一性を浸蝕している。だが、「犯人」の同一性がたんに狂気に冒されているだけならば、それは同一性の疎外や障害として処理できるだろう。だが、谷崎の『私』(一九二一)では、事態がもう少し深刻になっている。この短編では、犯人は物語の語り手として自分の犯罪を語ることになるのだが、問題は、そのとき彼が置かれている状況にある。犯人は物語の語り手になっている以上、読者にたいして嘘のない描写と正確な報告をしなければならない。だが、その語り手が犯人である以上、彼は物語のなかの友人だけでなく、物語の外部にいる読者をも平然と欺いている可能性がある。谷崎はこの問題を十分に展開せずに終っているが、そこで「犯人の同一性」はある種の構造的なねじれのなかに置かれている。またその裏面として「語り手の同一性」にも本質的な不安が生じている。

このような犯人や語り手の同一性の不安は、じつは「探偵の同一性」の不安と隣接している。たとえば、谷崎の『白昼鬼語』(一九一八)では園村のように「探偵眼をもっている人物」が登場し、佐藤春夫でも『指紋』(一九一八)のR・Nのように探偵に類似の役割を果たす人物が登場する。彼らは積極的に「探偵」として描かれているわけではないが、探偵行為を演じる主体である。これらの作品にはある種の錯乱や狂気の投影が見られるが、それらの幻覚的な次元は決して彼らの探偵行為に外在的なものではない。それらの幻覚は彼らの探偵行為が招き入れているのであり、探偵行為の主体の同一性そのものに入りこんでいる。いいかえれば、探偵行為の主体の同一性自体がそのようなものとして立ち現れており、物語はこの同一性の危ういたわむれのうえに成り立っているのである。

幻覚あるいは狂気の外観を漂わせながら、こうした作品の構成を掠《かす》めているのは、探偵小説という安定した世界の外部に向かって探偵小説の扉をひらくような所作である。西欧でも、イズレール・ザングウィルの『ビッグ・ボウ事件』(一八九一)やガストン・ルルーの『黄色い部屋の謎』(一九〇七)のように「探偵」が犯人であったりする例がある。また、アガサ・クリスティーの『アクロイド殺し』(一九二六)のように「語り手」が犯人であったりする例もある。これらの作品は古典的な探偵小説の形式を装いながら、他方でその同一性のたわむれを示唆あるいは表象している。

探偵小説をゲームとして形式化しようとしたロナルド・ノックスやヴァン・ダインは、こうした同一性のたわむれを「規則への侵犯」ととらえた。[43] 彼らはいわゆる探偵小説を作者(あるいは探偵)と読者が公正に推理を競いあうゲームとして形式化すること——商品化することでもある——を試みたのだが、それは謎解きの論理や分析を中心とする本格探偵小説に適合的な特徴であるといえよう。彼らの「形式化」においては、探偵行為の主体や語り手の同一性は公準としてセットされている。語り手が犯人であったり、探偵が犯人であったりするのは、「嘘つきのギリシャ人」のパラドックスのように、探偵小説の世界にどうしようもない決定不能性を導き入れ、謎解きのゲームを致命的に攪乱するからである。

探偵小説が公正な推理のゲームであるとすれば、「語り手」は読者を欺いてはならず、物語の進行にたいして超越的なメタ・レヴェルの位置を担保している必要がある。だが、語り手が物語のなかにひそむ犯人であれば、個々の情報の内容や語られる情報の選択においてつねに読者を欺く可能性があり、読者は語り手の提供するあらゆる情報についてその真偽が決定不能の状態に置かれてしまう。

他方、「探偵」が犯人の場合は、自分から告白しないかぎり、事件は永久に解決しないか、偽りの犯人が逮捕されて終るしかない。そうしないためには「語り手」が探偵(=犯人)よりも上位の位置にいて、探偵(=犯人)の秘密を明かすというかたちで探偵小説としての整合性を保つ必要がある。だが、そのときには語り手が探偵の機能を代行しており、いわばメタ探偵となっているのである。したがって語り手が物語の内部に入りこみ、探偵を装う犯人の強い影響を受けていたり、犯人そのものであったりすると、事態は再び決定不能性の状態に回帰することになる。

谷崎や、佐藤春夫、芥川龍之介らのミステリーでは、「犯人」「探偵」「語り手」の同一性の混乱により、探偵小説の可能性自体が不安定な状態に置かれる。探偵小説史家はこれらの文豪が探偵小説に参入するのを歓迎しているが、彼らの作品は「反探偵小説」の兆しを含んでいる。この時代に、「探偵」という知覚やまなざしの構造はまだ十分に相対化されていないが、そうした知覚やまなざしを行使する主体の同一性についてある種の疑惑が広がっていたといえよう。探偵は登場し、活躍すると同時に、そのいかがわしさあるいは倫理的な両義性を問題とされたが、今やその存在の同一性そのものが疑問に付される。探偵は彼自身の同一性の不安にさらされるが、それは探偵の眼を探偵自身に向けることから生じている。つまり探偵の知覚やまなざしの「自己言及的な適用」がこうした混乱を生みだしているのである。

また、「語り手」が犯人であるというのは、じつはメタ探偵を演じる者が犯人であるということであり、したがって「探偵が犯人である」というケースの変形版になる。この場合も、探偵にかんする自己言及の矛盾が反復されることになる。この意味で、純文学の作家たちは探偵小説とその可能性をある一般的な問題の場に引きずり出したのだといえよう。だが、同一性のたわむれを引き起こすこうした自己言及の適用はなぜ生じているのか、そのことを探偵小説の言説に固有の水準で考えてみなければならない(44)。探偵小説にとって重要な問題は、この種の自己言及に向かう探偵の知覚やまなざしが内蔵している不安とその社会性にあるといえよう。

# 四　ある興味

同一性のたわむれという問題が「探偵」という存在を取り巻いているのだが、ここでは探偵という存在の仕方を導入する「興味」のありどころから考えてみたい。そこで思い浮かぶのは、夢野久作が探偵小説の核心に抱いていたイメージである。「ナンセンス」(一九二九)というエッセーで、夢野はそれを「探偵趣味」あるいは「猟奇趣味」といい、それについて「イッタイどうしてこんなに矛盾した心理現象が起こるのだろう」と自問している。

まず「探偵趣味」について彼の答は次のようなものであった。

子供の時に、自分の家へ郵便が投げ込まれるのを遠くから見て飛んで帰った事がある。別に手紙が見たいわけではなかったけど、どこから来た手紙か知りたかったからである。町中の家々に来る手紙をみんな知っている郵便屋さんが羨ましくて仕様がなかったものである。あんなのが探偵趣味というものであろうか。(45)

次に「猟奇趣味」について次のように述べている。

> それから――やはりそのころのこと、初めて動物園に連れて行かれて火喰鳥や駱駝《らくだ》を見せられた時に、いつまでもいつまでもジッと見詰めたまま帰ろうとしなかった事がある。子供心にそうした鳥や獣が、そんな奇妙な形に進化して来た不可思議な気持ちを、自分の気持ちとピッタリさせたい――というようなボンヤリした気持ちを一心に凝視していた。何とも云えない変テコな動物の体臭に酔いながら――。
> あんなのが猟奇趣味というのであろうか。(46)

**図4**「瓶詰の地獄」
（夢野久作画）

夢野のいう「探偵趣味」は社会の不思議な深さにたいする知的な苛立ちを含んだ興味であり、「猟奇趣味」は何か不気味な存在にたいする身体的な陶酔を含んだ関心である。ここでの「子供」にとっては道徳の次元も権力の次元もまだ問題ではない。

「探偵趣味」において、この「子供」は世界が奇妙な遠近法をもち、見知らぬ奥行きをもって現れていることに感心し、その未知の奥行きに誘惑されている。この「子供」の心は、眼前に見える不思議な形象をその小さな表面とする、世界のとらえどころのない深さや奥行きをぼんやりと見つめ、その未知の方向に向かって彷徨いはじめようとしている。他方、「猟奇趣味」ではそうした深さや奥行きを探るよりも、むしろ異様な表面そのものを凝視し、その表面と身体的にたわむれることに歓びがある。探偵趣味が対象の深さを探査するための知的な距離を確保するのに対して、猟奇趣味はそうした距離を縮め、むしろ触覚的な視線で対象の表面をなぞるのである。

夢野久作は「探偵小説の正体」(一九三五)という文章で「探偵小説はジフテリアの血清に似ている」という。[47] 夢野によれば、ジフテリアの血清をジフテリア患者に注射するとよく利く。それは百発百中といっていいくらいの効果でジフテリアの病原体をやっつけてくれる。しかし、ジフテリアの病原体そのものはまだ発見されていない。もう裁判は確定しているのに、犯人がまだ捕まっていないような状況である。つまり探偵小説の正体はよくわからないが、探偵小説によってはじめて癒される関心や興味ははっきりと存在している。では、この関心や興味はどのような構造をもっているのか。

探偵小説に向かう興味の本体について、夢野はいくつかの答を検討していた。一つは「謎々」の魅力である。探偵小説は、十八世紀末のパリの有閑夫人が当時の社交界に横行するスパイの秘密戦術に興味を駆られ、彼女らの暇潰しのために創作されたものを萌芽にしているとする説である。これはトリック中心の本格派が考える探偵小説の概念に近い答だろう。しかし夢野によれば、探偵小説のその後の発展をみると、トリックらしいトリックがなくとも探偵小説（の醍醐味）は成立しており、探偵小説は必ずしも「謎々」の魅力に尽きるものではない。

もう一つは、探偵小説を一種の「精神的な瀉血」と見る考え方である。夢野によれば、資本主義と科学の支配する過酷な競争社会は人びとのあいだに「残忍なる勝利感」や「骨に食い入る劣敗感」を生みだし続けている。そこで人びとは、この悽愴たる罪悪感で日々鬱血硬化させられ続けている精神の循環系統のある一ヵ所を、探偵小説というメスで切り破って黒い血を瀉出し、鬱積する毒気を放散しようとする。夢野は次のように述べている。

そこから迸出《ほとばし》る血が、黒ければ黒いほど気持がよくて、毒々しければ毒々しいほど愉快なのだ。だから探偵小説の読者は皆善人なのだ。……だから普通の小説が愛情の小説なら、探偵小説は良心の小説なのだ。良心の戦慄を書くのが探偵小説の使命なのだ……という説もある。(48)

こうした考え方は一定の社会構造に準拠しており、探偵小説は競争社会の人間の内面に鬱積する悪感情を昇華させる機能をもつという見解になる。ただこれだと、謎々とトリックによる探偵小説が支持を受け続ける理由が理解しにくくなる。

そこで第三の答として、単純に「大人のお伽話」にすぎないと割り切る考え方もあるが、これも説明が足りない。おそらく「謎々」遊びや「精神的な瀉血」機能のいずれにも還元されない次元に、探偵小説を語りだす声がひそんでいるのだろう。ただ、それが何であるのかはわからない。夢野久作がたどりついたのは、探偵小説を求める人びとの心が焦れったく、癒しがたいものなのに、それが何であるのかよくわからないという妙な不安が棲まう世界である。問題はこの不安の所在にあるだろう。

夢野久作は「探偵小説の魅力の正体」はよくわからないという。だが、探偵小説が日常生活の間隙にはっきりと感じられる「飢えて渇いたような気持ち」に応えるものであることだけは確かである。夢野によれば、その渇いた気持ちは「モットモット強い、深い、新しい刺激を求めている自分自身の恐ろしい慾求」に貫かれているという。この不安な気持ちが何を求めているのかわからないが、その焦れったさ、癒しがたさは否定しようがないというのである。

夢野はそこで「探偵小説がいかなる社会心理を反映しているものであるかをハッキリときめてくれる人はいないか知らん」というのだが、彼の書いていることのなかに答はなかば出ている。探偵小説を求める欲求が何を志向しているのかという内容の問題は不確定かもしれないが、重要なことに、その欲求がより深い刺激を求めてたえず更新されるという不安な形式をもっていることは確かだからである。夢野によれば、探偵小説はこの不安な欲求の形式に対応している。

この不安な感情は夏目漱石のいう近代社会の文明病(神経衰弱)とほぼ同じものである。近代社会の主体を規律づける権力のゲームは凄まじいものであり、不安な人間、より正確にいえば、不安の上ではじめて安定できるような鋭敏な主体をつくりだす。漱石はこの不安の原因を近代の文明、つまり「開化」の限界に求めていた。

> 開化の無価値なるを知るとき始めて厭世観を起す。開化の無価値なるを知りつつもこれを免《まぬ》かる能はざるを知るとき第二の厭世観を起す。茲《ここ》において発展の路絶ゆれば真の厭世的文学となる。もし発展すれば形而上に安心を求むべし。形而上なるが故に物に役せらるる事なし。物に役せられざるが故に安楽なり。形而上とは何ぞ。何物を捕へて形而上といふか。世間的に安心なし。安心ありと思ふは誤なり[49]。

漱石によれば、開化の文明に身をさらされながら、それが無価値であることを知り、またその無価値であることから脱却することができないことを知るとき、人は二重の意味で厭世的になる。開化という名の「時代閉塞」のなかに世界が閉ざされたとき、もはや安心はなく、厭世的文学しか可能ではなくなる。探偵小説が近代文明にともなう「不安の形式」であるとすれば、それはこうした厭世的文学の圏内に連なるものということになるだろう。

夢野久作はさらに「探偵小説の真使命」（一九三五）で議論を一歩押し進め、次のように断案するにいたる。

探偵小説は、良心の戦慄を味《あじわ》う小説である。あらゆる傲慢な、功利道徳、科学文化の外観を掻き破って、そのドン底に恐れ藻掻《もが》いている昆虫のような人間性——在るか無いかわからない良心を絶大の恐怖に暴露して行く。その痛快味、深刻味、凄惨味を心ゆくまで玩味させる読物ではないか。だから探偵小説は人類が唯物文化から唯心文化へ転向して行く過渡時代の、痛々しい内省心理の産物ではないか。(50)

これは夢野の考える探偵小説の理念型だろう。彼によれば、探偵小説とは「良心の戦慄を味《あじわ》う」小説である。人間の不安の核心にあるのは、人間の日常を支えている良心そのものの恐ろしい危うさである。探偵小説の真使命は、この良心と呼ばれるものの底に、むしろ「昆虫のような人間性」が藻掻き、蠢いていることを「どこまでも探偵し、暴露して」いくことにある。要するに夢野は、探偵小説を突き動かしている不安の形式を、「良心の戦慄」という具体的な内容に置き換え、主題化できると考えるのである。ここで形式は自分にふさわしい具体的な内容を見いだし、それを一つの実体に転化しているといえよう。

日常生活は人間にかんして何か恐ろしい秘密を隠しており、この秘密を探り、暴くことによって不安はある程度鎮められる。だが、この沈静も一時的なものにすぎない。不安は再び頭をもたげ、日常生活の背後にさらに刺激的な秘密を求める。だがそれも、いずれ秘密が暴かれ、解消することを条件にしてのことである。こうした「反復」に耐えうる主題として「良心の同一性」という問題が導入される。良心とは自分自身の同一性にかんする主体の不安そのもののことであり、くり返し試されねばならない何かである。この種の強迫的な反復を通じて維持され強化されるのは、良心という不安な同一性であり、その同一性を担う主体である。この同一性への収束を重視すれば、探偵小説は個人を主体化する規律権力のネットワークに帰属するものであり、規律権力の関係を中継する小さな網の目であるといえよう。

しかし、この同一性はたえず疑問に付され、不安な反復のなかで空虚な形式としてしか実現されない。それは規律権力のネットワークから空しく逸れていくのである。この空虚さ自体を展開していけばどうなるのか。そこには同一性へ回帰する契機を空しいアリバイとする異様な欲望がむき出しの形態でうずくまっているのではないだろうか。夢野は日常を生きている人間の良心の底面には「昆虫のような人間性」が蠢いているという。この構図はとりあえずは世界の表面／深さという二重性のなかに収められるかもしれない。だが、世界の二重性というのは、決して自律的なものではなく、探偵小説の読者や主人公たちの「不安な欲望」の相関項である。彼らは退屈な日常生活の裏面に刺激的な秘密を求めてやまないが、それは彼ら自身が「不安な欲望」の形式に貫かれているからである。彼らの主体を目覚めさせ、駆動する、この不安の形式は同時に彼らの主体を徒労させ、消耗させる形式でもある。

## 五　ディスクールの不安

平凡を忌み、強い刺激を求めてやまない不安な感情は、『彼岸過迄』(一九一二)に登場する浪漫趣味の青年、田川敬太郎がもっていた感情であり、そのため彼は探偵への誘惑に流される。だが、敬太郎は三四郎に似て凡庸なところがあり、やがて異様な鋭敏さを要求する探偵という行為が窮屈になってくる。その意味では敬太郎の探偵修行は中断する。しかし、平凡を忌み、異常な刺激を求めることはこの時代の病としてあり、敬太郎でなくともそういう想いに駆られる者は少なくない。たとえば谷崎潤一郎の『秘密』(一九一一)の主人公「私」もそうした人物であるが、この場合、刺激を求める感情はもっと徹底していた。

そこで考えるべきは、こうした強い刺激を求めるにいたる理由である。それは文明の病だといわれるが、その実際の中身はどのようなものなのかが問題である。『秘密』の主人公である「私」は、「派手な贅沢なさうして平凡な東京」の生活から隠遁しようと思い、浅草の松葉町あたりの寺の庫裏に一間を借りるようになる。その理由は次のようなものであった。

隠遁をした目的は、別段勉強をする為めではない。其の頃私の神経は、刃の擦り切れたやすりのやうに、鋭敏な角々がすつかり鈍つて、餘程色彩の濃い、あくどい物に出逢はなければ、何の感興も湧かなかつた。微細な感受性の働きを要求する一流の藝術だとか、一流の料理だとかを翫味《ぐわんみ》するのが、不可能になつてゐた。下町の粋と云はれる茶屋の板前に感心して見たり、仁左衛門や鴈治郎の技巧を賞美したり、凡べて在り来たりの都会の歓楽を受け入れるには、あまり心が荒《すさ》んでゐた。(51)

そこで「私」はこれまでの生活を変え、普通の刺激にはすっかり慣れてしまった神経をもう一度奮い立たせ、また慄すような「何か不思議な、奇怪な事」はないだろうかと思案するのである。「私」はさらに続けていう。

現実をかけ離れた野蛮な荒唐な夢幻的な空気の中に、棲息することは出来ないであらうか。かう思つて私の魂は遠くバビロンやアッシリヤの古代の伝説の世界にさ迷つたり、コナンドイルや涙香《るゐかう》の探偵小説を想像したり、光線の熾烈な熱帯地方の焦土と緑野を恋ひ慕つたり、腕白な少年時代のエクセントリックな悪戯《あくぎ》に憧れたりした。(52)

この「私」にとっては、世間から隠遁したことも、自分の行動を秘密にするミステリアスな遊戯の一つであった。思案の結果、「私」は女装して街を徘徊することに異様な楽しみを見いだし、そうこうしているうちに昔交際のあった女に出会う。「私」はこの女との謎めいた密会に興じるようになるのだが、やがて女の現在の秘密を探りはじめる、だが、すべての謎が解かれると、「私」の興味は去り、「私」は女を捨て、間借りしていた寺も引き払って出て行ってしまう。「私」は最後に次のように述べている。

私の心はだん〳〵「秘密」などゝと云ふ手ぬるい淡い快感に満足しなくなつて、もツと色彩の濃い、血だらけな歓楽を求めるやうに傾いて行つた。(53)

この小説は「秘密」の解明を主題とする探偵小説のありようを比喩的に説明している。「私」は変装(女装)し、女の秘密を探るなど探偵のような真似をする。また同時に、「私」は探偵小説の読者のような位置にも立っている。一方で謎を解くのだが、謎が解かれると、もっと強い刺激を求めて別の場所に移って行くからである。

谷崎の小説が示唆しているのは、探偵趣味の核心にあるのが都市生活者における神経の麻痺という現象である。都市生活は刺激に満ちている。だが、そうした刺激に慣れて、もう「在り来たりの刺激」には反応しなくなったとき、都市生活はむしろ「退屈」な場所に変わる。それはぜひ払拭しなければならない退屈である。この退屈さは、それを癒すにはもっと強いもっと異常な刺激が必要になるような退屈さである。谷崎の描く探偵趣味はこのように刺激から退屈へ、また退屈から刺激へと相互に循環増幅する生活過程をみたしている何かなのである。

ゲオルク・ジンメルは大都市的な個性の類型の心理学的基礎について、外的および内的な印象の迅速で間断のない交替から生じる「神経生活の高揚」を挙げている。そのために、大都市の人間は自分の外的な環境の潮流や矛盾にたいしてある種の「防衛的な機構」を発達させる。彼らは現象にたいして深い感受性をもって反応するのではなく、悟性によって表面的に反応するようになる。ジンメルによれば、この悟性的態度は「大都市の圧制にたいする主体的な生の予防薬」であるという。こうした大都市の精神生活の特色についてジンメルは次のように述べている。

おそらくは倦怠ほど無条件に大都市に留保される心的現象は、けっしてないであろう。これはまず第一に、急速に変化し対立しながら密集するあの神経刺激の結果であり、大都市の知性の高揚もこのような神経刺激から生じるように思われる。そのため実は、もともと精神的に不活発な愚鈍な人間は、まさに倦きることのないのがつねである。無際限の享楽生活は、神経を長く刺激してきわめて強い反応をひきおこし、ついには神経がもはやいかなる反応もあたえなくなるため、倦怠をうみだすのである。——これと同じように無害な印象もまた、急速に反対へと変化することによって神経から強力な反応を奪い去り、神経を残酷にもこなごなに引き裂き、ためにに神経はその最後の力の貯えを引きわたし、同じ環境にとどまれば新しい力を集める時間

をもたなくなる。(54)

こうして、新しい刺激を受けても、適切なエネルギーをもってそれに反応できないという事態が生じるが、ジンメルによればこの無能力こそ「倦怠」なのである。それゆえ倦怠とは事物の相違にたいして無感覚になることである。だが、それは事物の相違が知覚されないということではなく、むしろ事物の相違の意義と価値が、それゆえ事物そのものが無価値に感じられるということである。これは漱石が開化の文明に見いだした厭世的な症候と通底している。大都市に生きる人間の精神生活にこうした無感覚が発生する経済的な背景として、ジンメルは貨幣経済の浸透を指摘している。貨幣は事物の多様性を尊重してその交換価値を表現するが、それは事物の核心、特性、特別な価値、無比性をすべて捨象したうえでのことだからである。

探偵小説という刺激が都市的人間の楽しみとして求められる背景には、こうした倦怠の広がりがあることを否定できない。その意味で、探偵小説は倦怠を逃れようとする欲望に答えると同時に、倦怠を招く刺激の一つにもなっているという見方ができる。しかし、こうした見方は探偵小説のディスクールに起こっている異変を十分に説明するものではない。それは探偵小説という物語の内部に起こっている出来事と大都市という現実に起こっている出来事とのあいだに素朴な因果関係を設定しているからである。それは物語の空間と現実の空間をごく安易な仕方でつなげてしまうことになる。われわれとしてはそこで立ち止まるのでなく、探偵小説に起こっている不安なたわむれを、探偵小説を構成するディスクールそのものから理解するべきだろう。

限界に達した探偵小説のディスクールは、①ある一つの探偵小説を物語りながら、②同時に自分自身の限界や不安を表出する「自己言及的な部分」を膨らませており、問題は、①の位相が、②の位相に呑みこまれていくことにある。

通常、探偵小説の内部には主人公とおぼしき一人の人物が登場する。彼らは日毎の退屈に飽き、つねに強い刺激を求めている。だがそのこと自体は、彼らが大都市に生きる人間の精神や二十世紀の文明病に取り憑かれた人間の一人であるというにすぎない。また、作者による文明や都市の批判を仮託された人物の一人であるというにすぎない。探偵小説という物語の内部で、彼らはある時代に一般性をもつような一つの人間像、つまり遊民的で神経衰弱的な鋭敏さをもった人間像を付託されているのである。

こうした人物像の設定と描写は、探偵小説という叙述の形式を前提しており、その形式の内部に収まるものである。したがって、それだけではこの叙述の形式そのものについて何も重要なことは語っていない。もし彼らの存在が何か重要なことを語っているとすれば、それは彼らが都市生活の特色を反映する類型的な人物像を超えて、個人的にきわめて特異で、病的な性格を付与され、そうした過剰な因子を彼らの内的な特性とするときである。それは彼らが探偵小説内部の登場人物として付託される人間像を超えて、過剰に負荷されている特性である。

図5 「屋根裏の散歩者」（棟方志功の挿絵）

この過剰な特性＝起伏は、探偵小説という物語の内部に由来するのでもなければ、その時代社会の外的な現実の反映であるのでもない。それは探偵小説というディスクールの内部の事象でもなければ、その外部の出来事でもなく、むしろディスクールそのものが抱えてしまった構造的な問題を表出しているのである。その起伏は探偵行為の主体となる人物の動機を触発し、加速させ、変貌させ、ついには自滅にいたらせる。またこの不幸な人物（＝探偵行為の主体）の自滅は、当然のことながら探偵小説の形式自体も流産させてしまう。つまり、その起伏は探偵小説のディスクールとその成立平面がそこで融解するような臨界点に到達していることを表象しているのである。それはその不幸な人物の「説明不可能な性癖」というかたちをとって物語の内部に挿入され、過剰な言葉のかさばりとして露頭している。

たとえば江戸川乱歩の『屋根裏の散歩者』（一九二五）には郷田三郎という人物が登場する。郷田は『彼岸過迄』（一九一二）の敬太郎や、『秘密』（一九一一）の「私」のように、大都市に浮遊する「高等遊民」の系譜につながっている。彼もまた「どんな遊びも、どんな職業も、何をやって見ても、いっこうこの世が面白くない」という青年である。『D坂の殺人事件』ではじめて登場した探偵明智小五郎も、同じような高等遊民であるが、『屋根裏の散歩者』では、郷田と明智が偶然「或るカフェ」で出会う。この意味では、郷田は明智と同じように「遊民」という一般性の水準にいる。だが、郷田は明智から犯罪談を聞き、犯罪という行為に異常な興味を抱くようになる。しかも重要なことに、また不幸なことに、郷田の好奇心には異常に「病的な性格」が入り混じっており、この過剰な起伏が物語を突き動かしていくのである。

郷田は犯罪のまねごとがしたくなり、やがて尾行や変装を一人楽しむようになる。だが、それにも飽きて、実際の犯罪に手を染めていくことになる。彼はまず自分が住む下宿館の屋根裏に潜りこむことを覚える。天井の下には下宿人たちの閉ざされた部屋が隣り合って並んでいる。郷田は屋根裏の通路を歩きながら、それらの小さな部屋のなかでひそかに展開する住人たちの「私生活」を覗き見ることに言い知れない歓びを感じる。これらの部屋の住人たちはそこで日常の表面には見られない、思いがけない私生活を送っているが、郷田はこの私生活の秘密をひそかに覗き見るという探偵的な行為に異様な快楽を味わうようになる。

やがて郷田は、屋根裏を徘徊するうちに、遠藤という下宿人の部屋の天井に小さな節穴があるのを発見する。そして遠藤が所持しているモルヒネを盗み出し、節穴から垂らして、その真下に寝ている遠藤の口に入れて殺し、自殺に見せかけるという「奇想天外な犯罪」を思いつく。これは遠藤という男が節穴の真下の位置に口を開けて眠るという「偶然」が重ならないとできない犯罪である。郷田はこの殺人計画について、一度は次のように自問してみる。

なんの恨みもない一人の人間を、ただ殺人の面白さのために殺してしまうとは、これが正気の沙汰か、お前は悪魔に魅入られたのか、お前は気が違ったのか。いったいお前は、自分自身の心を空恐ろしくは思わないのか。(55)

だが幸か不幸か、郷田は「偶然」のチャンスを得て、この快楽のための殺人を実行してしまう。先に触れたように、谷崎の『或る罪の動機』では「殺す理由がない」ということが殺す理由となっていた。他方、『屋根裏の散歩者』では殺人という重大な犯罪それ自体が強い刺激と快楽の源泉となり、殺人が自己目的化している。つまり「殺すこと」が殺すことの理由になっている。いずれの場合も、殺人という行為の外部に格別な目的や理由もなく、殺人が行われていることに変わりはない。この異常な事態を説明するために、乱歩は、犯人の人物像に異様な病的性癖があるという「過剰な起伏」を挿入する。この過剰な因子は社会的な現実の反映でもなく、物語の内部の出来事に起因するものでもなく、それ以上説明不可能なものとして物語の内部に入りこんでいる。

夢野久作が評価した『虫』(一九二九)でも、乱歩は、郷田三郎の後継者といっていいような柾木愛造なる人物を登場させる。柾木愛造は私立大学を中退した独身の無職者である。彼もまた両親の遺産で暮らしている遊民だが、「世にたぐいもあらぬ厭人病者」であった。この男は初恋の女性である女優の木下芙蓉を殺害することになる。異様な犯行にいたる柾木の病的性格について次のような記述がある。

> だが、柾木愛造は内気や人ぎらいで異常人であったばかりでなく、おそらくは、そのほかの点においても、たとえば、秘密や、罪悪に不可思議な魅力を感ずるところの、あのいまわしい病癖をも、かれは心のすみにたぶんに持ち合わせていたに相違ないのである。[56]

柾木が囚われているのは「秘密や、罪悪に不可思議な魅力を感ずる」忌まわしい病癖である。その病癖は物語のはじまる以前から彼をとらえている、それ以上説明不能な過剰な因子である。そこで秘密にたいする異様な嗜好は柾木をして尾行や覗き見、盗み聞きなどの「探偵」行為に走らせる。また罪悪への異様な嗜好は彼をして殺人という特別な「犯罪」行為に走らせる。問題は、このような行為に魅力を感じる人物が登場し、その魅力が本人にも説明のつかない「不可思議な魅力」だという点である。

この忌まわしい「病癖」は、漱石のいう二十世紀の「文明病」やジンメルのいう「倦怠」という一般的な文脈を超えており、むしろ個人的異常の段階にまで到達している。探偵行為とその相関項である犯罪は、谷崎の不安なたわむれを経て、今や「過剰な病理」への屈折を果たしているのである。そこには大都市に生きる人間の退屈と刺激の弁証法だけでは説明できない異様なかさばりが露出しているのである。

乱歩の主人公――郷田三郎、柾木愛造は、いずれも古典的な正義の探偵ではなく、ひそかな「探偵行為」をある種の快楽として演じる主体であり、しかもその探偵行為の延長線上でさらに異様な「犯罪行為」の主体に化してしまう。探偵行為と犯罪行為はたがいに対立しあうものだが、郷田や柾木においては、どこにもカタストロフィの跡が見当たらないまま、探偵行為の主体が犯罪行為の主体に移行しているのである。この移行と変身がいかにも自然に起こっていることを説明するのに、作者は彼らが異様に「病的性格」を帯びた人物であることを強調する。だが、この過剰な説明をそのまま鵜呑みにしてはならない。

これらの作品に描かれているのは、探偵行為の主体（探偵）が犯罪行為の主体（犯人）に移行し、変身する劇である。この変身を説明するのに異様な病理がもちだされる。変身の理由を物語の内部に求めれば、それは生来の「異様な病癖」という説明不能な事実に帰着するが、そういう神話的かさぶたをはずして、その変身が表象している構造を眺めてみる必要がある。すなわち、変身の理由は物語の内部にあるのではなく、物語を語るディスクールそのものに由来しているという視点が必要なのである。そうすると、異様さは物語の内部に描かれた対象の属性にあるのではなく、物語を語るディスクールそのものの変調として解読されるだろう。人物のおどろおどろしい異様さがあれほど過度に強調されるのは、むしろ物語を語るディスクール自体の特異性を表出しているのである。

『屋根裏の散歩者』では郷田三郎の変身とともにその犯罪を摘発する別の探偵、つまり明智小五郎が活躍する。そのことによって郷田は主人公の位置をなかば明智に譲りわたす。郷田の変身による探偵の不在は明智による探偵行為の代理によって埋められ、物語のディスクールは探偵小説の形式を取り戻すのである。だが、『虫』の場合には、この変身の帰結として犯人の無惨な自滅のかたちが描かれるだけである。柾木愛造の変身を代補する別の探偵は登場しない。探偵が犯人になる以上、物語の解決は無限に延期されるか、あるいは探偵＝犯人の自滅を「語り手」の媒介によって描くしかない。ここでは探偵のまねごとから殺人犯に変身する男の自滅によって物語は終焉する。探偵の犯人への移行とその自滅は探偵小説という形式の臨界点をあらわにしている。ここで重要なのは、明かすべき秘密を探偵小説という形式そのものに置いているような探偵小説——いわばメタ探偵小説が語られていることである。

これまで涙香、漱石、谷崎、夢野、乱歩というふうに、探偵小説の奇妙な流れを見てきたが、それはいわゆる探偵小説の通史ではない。探偵小説という形式の同一性の模倣からはじまり、形式の同一性そのものを俎上におくような探偵小説の歴史が存在するのである。その混乱の終焉部には、たんなる文明の病を超えて、説明不能で過剰な病理とその幻覚が描かれている。都市生活者の精神はその幻覚に刺激を求めているのかもしれない。だが、そのことは過剰な病理の由来そのものを明らかにしないし、ここで抽出した探偵小説の歴史を十分に説明するものではない。われわれは探偵のまなざしや探偵小説という言説の形式に内在する諸々の可能性が踏破され、そのディスクールが臨界点に達する一つの歴史的な運動に立ち会っているのである。

江戸川乱歩はある意味で探偵小説の系譜学者である。黒岩涙香が探偵小説の形式を定着したのに対して、乱歩はその形式を操作し、その限界を探ること自体を探偵小説のかたちに定着した。彼はいわばメタ探偵小説を描いているのである。探偵小説のたわむれを内容とするメタ探偵小説への移行において、重要なのは、探偵行為の主体がその同一性を失っていくことである。一見すると、その移行はつねにより強い刺激を求めて行われているようにみえる。また刺激の更新のプロセスが到達するのは、個々の探偵の病理や狂気という恣意的現象のようにもみえる。だが構造的にみれば、そこには探偵という行為やまなざし自体の不可能性がせり出している。探偵の自身の無能力ではなく、探偵という行為やまなざしの対象から逃げ去るような社会性の場が生成しているのである。

漱石のいうように、二十世紀の文明においておそらくほとんどの人が探偵的になる。だが、探偵的な存在の仕方がさらに過剰で鋭敏なかたちになって、探偵のまなざしを自分自身に振り向けるとき、探偵という関係性を維持することの限界があからさまになる。それはのちに安倍公房の『燃えつきた地図』(一九六七)における探偵が経験することでもあった。この探偵はある男を追跡しているが、男は探偵がたどりついたときにはもうその場所を去っている。探偵はそうした徒労を何度も反復するなかで、自分が追いかけている男（「彼」）は自分自身ではないかという疑惑を抱くようになる。(57) 探偵小説の物語の内部にいる人間が、その物語の形式自体に疑惑を抱くのである。そこで探偵が疑っているのは、探偵行為が探偵自身に振り向けさせられ、探偵の自己言及的な永久運動というかたちで「探偵行為の不能性」が仕掛けられていることである。『燃えつきた地図』の探偵は混乱と疲労のなかでうわごとのように呟く。

しかし、いまここに立ちつくしているのは、ぼくである。まぎれもない。ぼく自身なのである。「彼」の地図を辿っているつもりで、自分自身の地図を辿り、「彼」の跡を追っているつもりで、自分の跡を追い、ふと、立ちつくしたまま、凍りつき、……いや、寒さのせいばかりではない……酔いのせいだけでもない……疚《やま》しさのせいばかりでもない……困惑が不安に変り、不安が恐れに変り……(58)

この不毛な探偵の行為を終らせることができるのは、ただ混乱と不安と恐れの果てに追跡する男の幻覚を見るか、あるいは依頼主から追跡のための資金源を断たれるかのいずれかでしかなくなっている。

しかし、こうして語られる「探偵の不能性」は、自己言及のゲームの結果引き起こされたものではない。むしろ事態は逆である。すでに探偵という行為の「現実的な不能性」は拭いがたいものとなっており、それが自己言及というパラドックスの形式を借りて表象されているのである。ここで探偵行為の現実的な不能性というのは、大都市の倦怠のような何か外的な現実を反映したものではない。ここで「現実」というのは探偵小説を織りなすディスクールそれ自身のうちに生じた出来事のことである。そこでは探偵的な知覚やまなざしの構造が安定する場を失いはじめている。探偵小説を語るディスクール自身に生じた亀裂が、物語の内部に言葉の過剰なかさばり――異様な病的性格の強調あるいは不安や恐れや幻覚――として侵入してくるのであり、それが探偵行為の主体の同一性を混乱させる不毛な自己言及の形式を呼びこんでいるのである。

そもそも探偵というまなざしが稼働するためには、世界のうちに表面／深さという二重の構造が必要であった。もし何らかの仕方でこの「深さ」が消えていくならば、探偵の知覚やまなざしはうまく作動できないだろう。探偵小説の不能性が暗示しているのは、二十世紀のある時期、おそらく第一次世界大戦を契機にして、世界の「深さ」が奇妙な消滅の様式をたどることである。探偵小説の言説は、この消滅の様式とそれを通して出現しつつある社会性の場を自分自身のリミットというかたちで、すなわち自己言及という形式を用いて表現している。それは探偵小説の歴史が空しい反復の過程に入ることであり、また同時に自分の同一性を脅かす別の世界の存在に悩まさせられながら、その世界の存在を隠し続けるような所作となる歴史のはじまりでもある。

# 第二章　緋色の研究

# 一　ザディグの方法

探偵小説のディスクールが可動的になるのは、世界が人間にかんする秘密を宿しうるような「深さ」をもったときである。そこで探偵小説のディスクールはこの深さを探求する物語の言語を紡ぎだす。それゆえ、もしこの世界の深さが消えていくなら、探偵小説はその成立平面を失ってしまうだろう。実際、そうした消滅の不安のなかで、深さというものを補塡するために、探偵小説は自分のうえに自分自身を折り重ねることにより辛うじて深さの幻影をつくりだしていく。だが、こうしてつくられた深さは世界の深さの消失と表裏をなすものであり、そこには探偵行為の不安なたわむれしか宿らない。前章で見たように、探偵行為の不能性があらわになり、むしろ自分自身を謎の対象とするような探偵小説(メタ探偵小説)が語られることになったのである。

だが、このような経緯をもたらした世界の「深さ」は、一体どのような布置をもって出現したのだろうか。ここでは世界に深さが宿り、またその深さをディスクールの支えとした探偵小説の経験がどのようなものだったのかを見ていくことにしたい。この経験は十九世紀の近代性とともに成立したものであり、エドガー・アラン・ポーによって自覚的にとらえられ、コナン・ドイルのシャーロック・ホームズの物語において見事に定式化されることになる。だが、深さの構造が探求されることになる手がかりとして、まず十八世紀中葉の経験にさかのぼるべきだろう。そこで問題になるのは、ヴォルテールの「哲学的、寓意的ロマン」の一つとされる『ザディグ』の物語である。(1)

十八世紀のオリエント趣味を背景に人気を博し、西欧諸国に翻訳された書物に『セレンディッポ王の三人の王子の遍歴』(以下『遍歴』と略記)という説話集がある。ヴォルテールはこの書物の第一説話にある素材にヒントを得て、いわばそれを改作し、ザディグの物語をつくったといえよう。『遍歴』そのものはすでに十六世紀の半ば、ヴェネツィアでオリエントの説話集として出版されていた。『遍歴』のなかに収められていたオリエントの民話はキルギス人、タタール人、ユダヤ人、トルコ人などのあいだに流布していたものである。(2)

ヴォルテールの『ザディグ』はこうした経緯を踏まえて成立している。つまりフーコーの知の考古学にしたがえば、ヴォルテールという古典主義時代の「表象の空間」に属す思考とまなざしの主体によって、あるいは百科全書的な知の体系を通して世界を見ている主体のもとで、オリエントの説話にある素材がまとめなおされたのである。(3) われわれはこの時代の刻印に留意しておくべきだろう。というのは、古典主義時代の表象の空間には近代の人間が思考するような世界の「深さ」が宿っていないからである。そこには世界を分節し、表象し、分類する思考が活動しており、無数の差異が錯綜し、連続する広大な表面が存在するだけで、『ザディグ』における思考やまなざしもそういう世界のありように規定されていると考えられる。

だが、こうした断層があるにもかかわらず、探偵小説の起源を考えるうえで『ザディグ』に注目した人たちは少なくない。彼らはとくに『ザディグ』のなかでアブダクティヴな推論、つまり「訴求的推測の方法」が活用されていると考えた。知的な青年ザディグが物語のなかで語ってみせる推理は、探偵デュパンが友人と散歩しながら、友人が頭のなかで考えていることをぴたりと言い当てたときに用いた推測の方法と同じ類いのものにみえたからである。(4) たとえばカルロ・ギンズブルグも、ザディグが法廷で自分の無実を証明するために開陳した「推理」の仕方に、ポーやドイルによる探偵小説の萌芽を見ているのである。(5)

『ザディグ、あるいは運命』という物語によれば、モアブダル王の時代、バビロンにザディグという青年がいた。ザディグが経験する短い話に「犬と馬」がある。彼はゼンドの書に啓示を受けてユーフラテス河のほとりに退くが、とくに動物と植物の「特徴」を研究し、他の人間が「一様性」しか見ないところに「千もの差異」を見分ける洞察力を身につけるようになっていた。ある日、皇后の犬がいなくなったとき、犬を探していた宦官の前で、ザディグはその犬にかんする細かい特徴をぴたりと言い当てる。またそのとき運悪く、国王の馬もいなくなったのだが、馬を探していた狩猟頭の前で、ザディグはその馬の特徴を細かく言い当ててみせる。その結果、宦官や狩猟頭はザディグを犬と馬を盗んだ犯人と思いこみ、ザディグを捕えて法官の前に引き出したのである。

やがて犬と馬は発見され、盗みの嫌疑は晴れるのだが、法官は少なくともザディグがそれらの馬や犬を見たと信じていた。そこでザディグは「見たものを見なかったと言った」という理由で罰金を課される。罰金を支払ったあと、ザディグはようやく弁明の機会を与えられるのだが、ギンズブルグによれば、ザディグがそこで疑いを晴らすために開陳した「推測の方法」こそ、のちにポーやガボリオに、あるいはドイルにある種の霊感を与えたものである。

ザディグは砂のうえにそれらの犬や馬が残した足跡だけから、その動物の姿かたちを細かく知りえた方法を開陳する。そのとき皇后の犬の特徴にかんして彼が示した「推理」の要点は次のようなものであった。

私は砂の上にある動物の足跡を見ました。そしてすぐに、それが小さな犬の足跡であると判断しました。左右の足跡のあいだにある小さな砂の盛り上がりの上に長く浅い溝が残されていることから、私はそれが何日か前に子犬を生んでおり、その乳房が膨らんで垂れている雌犬だとわかったのです。別の方向に向かう痕跡は、前足のそばの砂の表面をずっとこすったようなので、その犬はとても長い耳をしていると思いました。それから私は、足の一つによる砂の窪みが、他の三つによる窪みに比べてつねに小さいことに注目し、皇后様の犬は、こう申しては何ですが、少しびっこであるとわかったのです。(6)（傍線は引用者）

ここでザディグは、小道に残された足跡を見ただけで、皇后の犬が「小さな犬」であり、「何日か前に子犬を生んでおり」、「乳房が膨らんで垂れている雌犬」であり、「とても長い耳をして」おり、「少しびっこである」ということを知った。これが「ザディグの方法」といわれるものである。それは残された結果からその原因となった事実を「推測」することである。ウンベルト・エーコはここで用いられているのは「遡及的推測」(abduction)の方法であるという。(7)

しかし、ザディグの方法は「アブダクション」という推論の形式だけに還元されるものではない。むしろそれはザディグに固有のものではなく、デュパンやホームズの推理でも使用されている多くのパラダイムの一つにすぎない。ここで考えてみたい問題は、ザディグがその痕跡から犬や馬の詳しい特徴を知りえたときに行使されている思考やまなざしの様式にある。それこそザディグの考察をデュパンやホームズのそれから分かち、ザディグに固有の方法を示すものだからである。ここではザディグの方法を支えている固有のもの、つまり彼が世界との関係で行使している思考やまなざしの様式について考えてみなければならない。

ザディグの方法のうちに、たんなる論理形式や推論の一パラダイムの活用だけをみるのではなく、むしろ近代における人間諸科学の知や思考の様式との対応関係を見ようとしたのはギンズブルグである。この点においてギンズブルグが提示した視点は重要なものだといえよう。しかし、ギンズブルグの議論はザディグの思考やまなざしの様式を把握するうえで決して同意できない主張を含んでおり、われわれはこの点を批判しなければならない。つまりザディグの思考方法に固有の意味と限界を明らかにし、それとの対比でデュパンやホームズの方法、つまり近代における探偵小説の思考やまなざしの様式がどのようなものなのかを確認したいのである。

そこで注目したいのは、ギンズブルグがザディグの方法を十九世紀はじめころに活躍した生物学者ジョルジュ・キュヴィエが立脚していた思考様式と比較して、両者の同型性を強調していることである。(8) ギンズブルグは、キュヴィエの『四足獣の化石骨にかんする研究』のなかの微妙な記述に触れながらも、その意味を分節することなく、問題を人間科学という一般性の水準に還元する。そして、キュヴィエの方法がザディグのそれより確実であるとしても、二人の方法は実質的に同じだという。ギンズブルグは、十八世紀から十九世紀にいたる長い時間をかけて人間諸科学が形成されたと見ており、ザディグの思考もキュヴィエの分析もともにこの人間諸科学の形成期に属しており、両者は人間諸科学と共通の思考様式をもっていると考える。

ギンズブルグは、反復可能で普遍的な自然の事象ならば、原因から結果を「演繹」することができるという。だが、人間諸科学は歴史の出来事にかかわっており、そこで原因となる事実は「繰り返しのきかない」ものである。それゆえ人間諸科学はガリレオ的な自然科学のパラダイムとは異なり、現在の結果から過去の原因を「推測」するしかない。そこでギンズブルグは、結果から原因を推測するザディグの方法を人間諸科学の方法と同じものだと見なすのである。しかし、ここには大きな問題がひそんでいる。ザディグはたしかにある結果からその原因を推論したとはいえるが、果たして彼が現在から過去を推測したといえるのだろうか。そもそも、そこにはほんとうに歴史的な出来事の時間が流れているのだろうか。

というのは、「結果から原因を推論すること」は「現在から過去を推論すること」とはまったく異なっているからである。われわれはザディグが動植物の特徴を研究し、千もの差異を見分ける「博物学者」であり、その背後に古典主義時代の「表象の空間」で思考するヴォルテールがいることを忘れてはならない。表象の空間のなかでは人間学的な歴史の時間は流れていない。そこには同時的な連関の秩序が張りめぐらされているだけである。ザディグの博物学的な思考が結果から原因を推論するのは、この静止した表象の空間を通してである。その空間は「人間」という奇妙な実存の厚みとそれがつくりだす「歴史」の時間性をまだ導入していない。その意味でも、ザディグが人間諸科学の知や思考の様式と同じ基盤に立っているというギンズブルグの指摘をそのまま受け入れるわけにいかないのである。

フーコーによれば、キュヴィエの生物学は十九世紀以降の近代性の開始をエピステーメーの水準で刻印する重要な標識である。他方、ザディグの作者ヴォルテールの知はまだ古典主義時代の表象の空間を形成するようなエピステーメーに所属している。ザディグという人物による動物と植物の「特徴」(Les propriétés)の研究というのは、実のところヴォルテールの時代の「博物学」を背景にしていると考えられる。つまり、ザディグが見せる「博物学」的思考と、キュヴィエが誇る「生物学」の思考とのあいだには断層が走っているのである。キュヴィエの同時代人はむしろポーの探偵デュパンである。『モルグ街の殺人』には、事件解決のためデュパンが、キュヴィエによるオラン

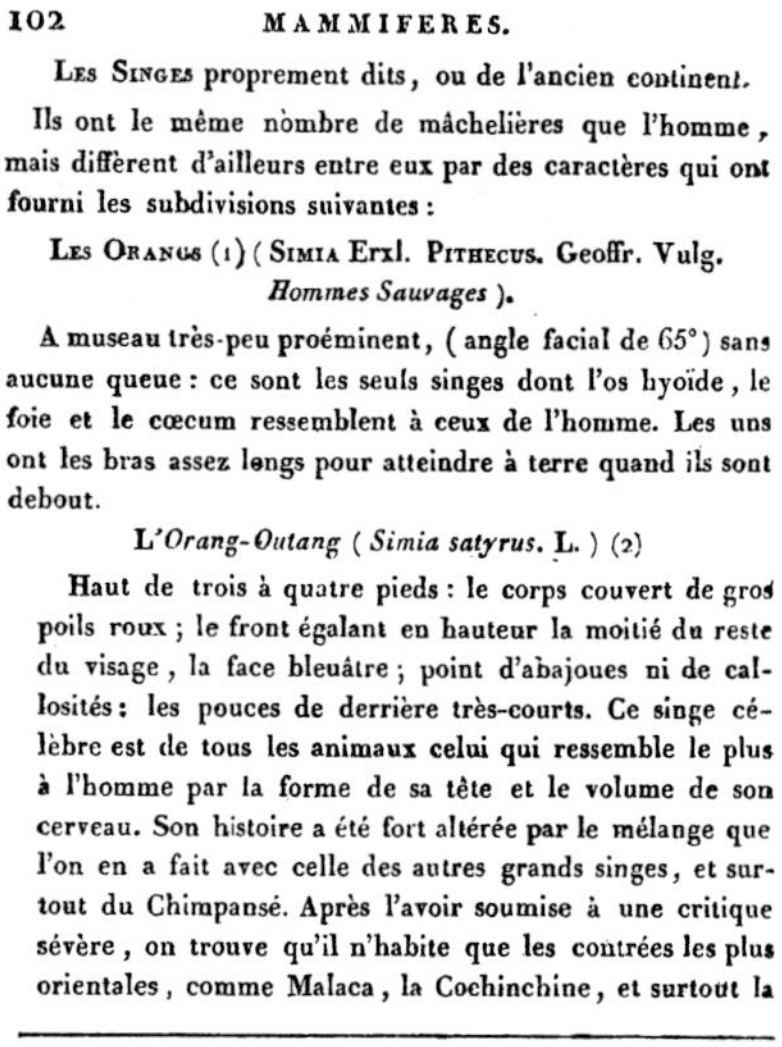

102 MAMMIFERES.

Les Singes proprement dits, ou de l'ancien continent.

Ils ont le même nombre de mâchelières que l'homme, mais diffèrent d'ailleurs entre eux par des caractères qui ont fourni les subdivisions suivantes :

Les Orangs (1) ( Simia Erxl. Pithecus. Geoffr. Vulg. *Hommes Sauvages* ).

A museau très-peu proéminent, ( angle facial de 65° ) sans aucune queue : ce sont les seuls singes dont l'os hyoïde, le foie et le cœcum ressemblent à ceux de l'homme. Les uns ont les bras assez longs pour atteindre à terre quand ils sont debout.

L'*Orang-Outang* ( *Simia satyrus.* L. ) (2)

Haut de trois à quatre pieds : le corps couvert de gros poils roux ; le front égalant en hauteur la moitié du reste du visage, la face bleuâtre ; point d'abajoues ni de callosités : les pouces de derrière très-courts. Ce singe célèbre est de tous les animaux celui qui ressemble le plus à l'homme par la forme de sa tête et le volume de son cerveau. Son histoire a été fort altérée par le mélange que l'on en a fait avec celle des autres grands singes, et surtout du Chimpansé. Après l'avoir soumise à une critique sévère, on trouve qu'il n'habite que les contrées les plus orientales, comme Malaca, la Cochinchine, et surtout la

図1　G. キュヴィエ『組織によって区分された動物界』におけるオランウータンの項

ウータンの解剖学的な叙述を参照して友人に示すくだりがある。(9)何気ない場面だが、それはザディグの方法とデュパンの推理とのあいだにも見えない断層が走っていることを示唆している。

実際、ザディグがユーフラテス河のほとりに引きこもるのは、「書物」という表象の空間に入りこむためである。彼は「神がわれわれに提示したこの偉大な書物を読む哲人以上に幸福な者はいない」と考える。しかも、ザディグが動物と植物の特徴を研究して、他の人間が「一様性」しか見ないところに「千もの差異」を見分ける洞察力をもっているというのは、微細な差異のシステムを探求する分類学の思考を身につけたことを意味している。この差異のシステムは世界の表面に存在するものであり、世界はまだ「深さ」を混えていない。ザディグのまなざしは世界の表面に注がれ、その表面に錯綜して広がる事物の形態を注意深く探査している。それは世界の表面に広がる事物の類似と相違のシステムを発見し、表象する分類学的な知を稼動させることである。

ザディグが実際に「見ていないもの」をその痕跡の観察から言い当てるとき、彼が適用し、準拠しているのは、動物にかんする神話や意味論ではなく、動物の解剖学的形態にかんする体系的な分類学（博物学）の思考である。この知の体系（博物学のタブロー）に依拠すれば、実際に見たことがないものであっても、それについて語ることができる。フーコーがいうように、博物学とは、見たものを語るのではなく、むしろ言うことができるだろうものを見る可能性のことなのである。(10)

ザディグの災難は、彼が実際には「見なかったものを言い当てた」ことから生じている。そのために、まず犬や馬を盗んだという理由で笞打ちと生涯シベリア送りの刑が決まるが、この判決は寸前に犬や馬が発見されることにより撤回される。だが、それでも「見たものを見なかったと言った」という理由で金四百オンスの罰金が科される。そのあと、ザディグは法官の前で弁明し、「見なかったものについて言いうる」可能性を証明する。ザディグの洞察力は人びとの称賛を浴びるが、重要なのは、ザディグの「見なかったものについて言いうる」洞察力とは、「言うことができるだろうものを見る」博物学の力にもとづいていることである。

ヴォルテールの物語はザディグの不運を主題にしている。「博物学者」ザディグはまさにその「知」のために嫌疑を受け、災難に遭う。一連の判決は、あまり物をよく知っていることがいかに危険かという「教訓」を語っている。そこでザディグは自分の目にしたことをすぐには口にすまいと決心する。そののち、彼の家の窓の下を「国事犯」が通ったのを目にしたのだが、彼はそのことを言わなかった。つまり今度は「見たことを言わなかった」のである。だが、彼が窓の下を見ていたことが証明され、金五百オンスの罰金が言い渡される。ヴォルテールはここで百科全書的で啓蒙的な知の主体であり、その「知」がたんに「見ること」とは異なる位相にあることを示唆すると同時に、そのことの危険性にかんする自戒の念をこの物語に込めているようにみえる。

ザディグは国事犯にかんして「見たことを言わなかった」が、それは犬と馬にかんして「見なかったことを言った」態度とつながっている。いずれの場合も、見ることは一次的なものではなく、見ることは言うことの空間、つまり世界を表象する記号の空間に従属させられている。この態度のためにザディグは災難に遭うのだが、それこそ自然にかんする表象の体系としての博物学のまなざしに通底している。フーコーは古典主義時代の博物学のまなざしについて次のように述べていた。

より良くより子細に注視するようになったから博物学が可能になったというわけではない。厳密な意味では、古典主義時代は、できるだけ物を見ないようにしたとはいえないにしても、その経験の場を自発的に制限しようと努めたとはいえるだろう。観察というのは、十七世紀以降、体系的に否定的な諸条件を取りこむことによって成立するような感覚的認識となったのである。(11)

博物学とは可視的なものに名前を与える作業だが、この可視性はある体系的な排除によって成立している。こうして得られた可視性のなかで、物は見られ、名指され、「表象の秩序」に組み入れられ、そこに成立する記号の秩序が全体として世界を表象するのである。ここで表象される世界は、無数の物がその差異と同一性にしたがって存在している連続面の広がりとして存在している。世界はその「表面」に存在しており、またそこで時間継起の列が考えられるとしても、それは前もって存在する基本的な表象の空間を巡歴することでしかない。そこで時間継起のあらゆる可能性はこの空間のなかにあらかじめ提示されている。

他方、キュヴィエが行うのは、こうした表象の秩序とは別の仕方で世界を見ることであった。キュヴィエの生物学は人間学的で、歴史的な時間性を導入し、観察すべき世界に「生命」という深さの次元を見いだすことになる。この新しい生物学においては、空間のなかで同時に観察される類似関係は、時間の継起がその途上に残していく形態の凝固したものにすぎない。ここで重要なのは器官の形態ではなく、生命の次元に宿っている機能上の連関である。博物学は可視的な形態学的変数——形態、配置、大きさ、数など、「言うこと」の次元——を通して生物の空間を見たが、それは器官の構造と機能を調べ、その同一性と差異を表象の秩序に登録するためであった。だが、キュヴィエはこうした見方を退け、器官との関係において機能を優先させる。(12) 彼は器官の配置を機能に従属させ、「機能」という見えないものの統一を下地にして器官の諸特徴《カラクテール》を生命の空間において解読するのである。

キュヴィエが『四足獣の化石骨にかんする研究』の一節で自分の方法をザディグのそれと比較し

て見せた背景にはこうした認識論的な切断がひそんでおり、彼はそこで次のように述べていた。

……それゆえ今日では分趾蹄の足跡を見るだけで、誰もが、その足跡を残した動物が反芻動物であるという結論を下すことができるのであり、この結論は物理学あるいは倫理学における他のどんな結論ともまったく同じように確実である。観察者に与えられたこの足跡だけから、今しがた通過した動物の歯の形態、顎の形態、脊椎の形態、そして下肢、腿、肩、骨盤などあらゆる骨の形態がわかるのである。これはザディグが手にした痕跡のすべてよりももっと確実な痕跡である。(13)

ここでキュヴィエは自分の方法がザディグのそれよりも確実な精度をもっていることを誇らしげに述べている。両者の違いをいえば、ザディグの推理が可視的な「形態」にかんする表象の秩序のなかで多数の痕跡の関連を発見することであるのに対して、キュヴィエにおける推理は諸形態を支えている不可視の「機能」的な連関にもとづいて一つの痕跡を観察し、解読することによって成し遂げられるのである。

ザディグ／ヴォルテールは、器官や固体や種にかんする形態学的な解読格子にもとづく「表」(le tableau)の空間を通して、砂の上に残された痕跡を見ていたのである。それはたしかに「見ていないものを見ること」であるが、表象の秩序はそこに不在である動物をその表のなかに指定しており、精密な表の秩序を通して見れば、眼前に何が欠けているかを見ることができる。しかし、キュヴィエが見ようとする機能(たとえば呼吸、消化、循環、運動など)は、そうした「表」のなかには姿を現しようのないものである。見分けるべき千もの差異(特徴)は、もはや形態学的な要素にもとづく「表象の秩序」を下地として浮かびあがるのではない。見分けるべき多様性(特徴)があるとすれば、それはその目的をさまざまなやり方で遂行することのできる機能上の統一体を下地として、つまり「生命」(la vie)という深い空間において読みとられるものである。

## 二　デュパン、あるいは深さのゲーム

ザディグ／ヴォルテールの推理が古典主義時代の表象の空間を活動の場としているのに対し、ポーの探偵デュパンはキュヴィエ以降の時代に登場し、キュヴィエの著作を慎重に参照している。(14) ここには大きな落差があるといわざるをえない。では、ザディグが砂上の痕跡からそこを通過した動物の特徴を言い当てた方法は、デュパンがその友人に見せた推理――そしてホームズがワトソンに示して見せる推理――とどこが違うのだろうか。デュパンは探偵にありがちな「博物学」的知識をひけらかすことに楽しみを見いだすタイプではない。近代におけるエピステーメーの変容にもかかわらず、博物学的な知性の凝ったやり方が大衆的な人気を博すという事例もあるが、デュパンはそ

のような古い地平を抜け出していた。

ザディグが皇后の飼い犬の特徴を言い当てるとき、砂上の「痕跡」は皇后の「犬」の身体的特徴と同一の空間に属している。たしかにザディグが痕跡を見たのは、犬がそこを通過した後のことである。だが、ザディグの推理がうまく成り立つのは、そこに流れ去った時間を事実上無視できるような連関が問題になっているからである。砂上の痕跡と犬の特徴とは同じ世界の表面でつながっている現象であり、厳密にいえば両者のあいだに歴史的な時間は流れていない。もし歴史的な出来事の時間が流れ、痕跡と犬とが異なる世界、そして異なる連関に属しているならば、両者を同じ空間のなかで直接に関係づけるわけにはいかない。世界は時間が流れるたびにその内的な連関のかたちを変えていくからである。

ザディグは痕跡を皇后の犬とだけ関係づけるが、それは他の動物や人物、自然現象が痕跡の残る現場に介入した可能性が排除されているからである。つまり、そうした介入が行われる時間は流れず、同じ空間がずっと保存されているのである。だが、そのような前提や権利が当然のこととしてザディグの手中にあるのは、この物語がそもそも表象の空間に書きこまれているからである。世界における事物の連関はいつも世界の「表面」に広がって存在している。時間の流れが必要だとすれば、この膨大な連関の表面を次々に閲覧していくというかたちにおいてである。しかし連関そのものは、そうした時間の流れと関係なく、すでに世界の表面に存在しているのである。

世界に「深さ」が発生するのは、時間の流れが世界そのものを貫き、ある時点と別の時点で世界に存在する連関がかたちを変えるときである。出来事の介入によって生じるこの落差が世界の深さをつくりあげる。そこで人間の秘密は時間の壁の向こうに隠される。『ザディグ』において砂上の痕跡と犬の特徴は同じ表象の空間で密接に連関していたが、今や両者のあいだの密接な関係や一体性を保証する空間は清算される。現在に見いだされる痕跡／存在は、時間の壁の向こうにあるもう一つの痕跡／存在とのあいだに不確かな関係しかもっていない。そこで現在の痕跡と過去の痕跡とのつながりを確定する作業が探偵の仕事となるが、このつながりはつねに恣意性にさらされ、蓋然性においてしか確定することができない。

探偵の推理も決してこの蓋然性を乗り越えることはできない。作者が探偵に与えるいくつかの重要な痕跡や告白の類いによって、たんに蓋然性にすぎなかった道筋が唯一の可能性であったと推測されるだけである。探偵小説はこの推測によって現実の不確定性を乗り越え、決定的な唯一の道筋によって過去が現在に到達したと思いこませる。だが、このように現在と過去をつなぐ必然性を確認したいという願望は、結局のところ歴史的な時間の流れを乗り越え、現在と過去のあいだに密接で一体的な関係を復元することにならないだろうか。つまり近代の探偵小説は、世界にはらまれた深さの前にたじろぎ、深さを探求し、深さのなかにはらまれる不確定性・恣意性を祓い除け、それを理解可能な必然性に変える一種の呪術となっているのである。

ここではモルグ街の殺人が起こる前に、デュパンが彼の友人に示した推理の方法を見ることにしよう。ある晩のこと、デュパンは彼の友人とパレ・ロワイヤル付近の道を口もきかずに一五分ばかり歩いていた。そして突然、デュパンは友人に向かって「たしかに、あいつはひどく丈が低い。寄席の方が向くだろう」と言い出したのである。そこで友人は、うっかり「もちろん、そうさ」と答えてしまう。そう答えてから友人は改めて驚くのだった。というのも、黙って歩いている自分が頭のなかで考えていることを、デュパンはどうやって知ったのか、まったくわからなかったからである。問い質すと、デュパンは彼の友人が考えていたことの道筋をすべて知っていた。

デュパンの友人はこのときの様子を次のように述べている。

デュパンの様子には法螺吹き《シャルラタヌリー》のようなところはちっともなかった。「じゃあ説明しよう」と彼が言った。「君にはっきりわかるように、まず、僕が君に話しかけたときから、あの果物屋と衝突したときまでの、君の考えの経路を逆にたどってみることにしよう。鎖の大きな輪はこう繋《つな》がる、――シャンティリ、オリオン星座、ニコルズ博士、エピキュロス、截石法《ステリオトミー》、往来の舗石、果物屋」

まあ自分の生涯のある時期に、自分の心がある結論に到達した道順をさかのぼってみることを、面白いと思わない人は、あまりないだろう。この仕事はときどき実に興味のあるもので、初めてそれを試みる人は、出発点と到着点とのあいだにちょっと見ると無限の距離と無連絡とのあることに驚くのだ。(15)

デュパンは友人の現在の思考がどのようなものなのかを知っていた。デュパンは友人の思考の出発点までさかのぼり、そこから思考の鎖がある経路をたどって現在につながっていることを正しく推理していたのである。

ここでデュパンが行っているのは、「現在」(友人が頭のなかでシャンティリのことを考えていること)を説明するのに、「過去からの出来事の連鎖」(果物屋と衝突したこと→往来の舗石のこと→截石法のこと→エピキュロスのこと→ニコルズ博士のこと→オリオン星座のこと→シャンティリのこと)をもってくるという作業である。現在の謎は過去からの連鎖によって明らかになる。だが、問題はこの連鎖が恣意的な事実から成っていることである。過去からの連鎖は出来事の介入による恣意性の場を通して現在の結果にいたっている。この恣意性を克服するためにはその都度「事実」による保証が必要である。探偵の推理とは意味の連鎖を設定することだが、探偵はその連鎖の必然性を支えるいくつかの事実を拾い集めてこなければならない。つまり探偵には推論だけでなく、事実による出来事の検証が必要なのである。この事実が都合よく嵌めこまれるのが探偵小説だが、現実の事件ではそうした事実が欠落したままであることが少なくない。

ザディグの場合には、こうした事実の補塡は必要ではなかった。ザディグの前にあるのは、時間の流れのなかで恣意性にさらされる出来事の不確定な連鎖ではなく、同じ世界の表面で一定の秩序のもとにつながっている痕跡(特徴)の連関だからである。[16] 他方、デュパンをはじめとして、近代の探偵小説における探偵は、その推理の連鎖にうまく事実を嵌めこむことを要求される。探偵は推理する人であると同時に、事実を蒐集する人なのである。世界に深さがあるとすれば、それは現在の裏面に「過去」があるからではなく、現在と過去のあいだに「不確定な連鎖」が存在するからである。探偵はこの不確定性を解消するために適切な事実を蒐集しなければならない。

いくつかの重要な痕跡と告白が、事件の原因から結果への可能ないくつもの道筋を唯一の道筋に限定してくれる。事実がうまく嵌めこまれることによって推理の道筋は確定する。それは現在が時間の流れを越えて過去とつながるときである。現在はそれ自身の過去とのつながりにおいて、つまり過去の事実の補足があってはじめて、一つの事実として了解可能なものとなる。こうして探偵小説が思い知らせるのは、現在がそれ自身では十分な事実ではなく、過去に伸びる不確定な空隙をはらんでいることである。ここには現在のなかに「欠在」を見るまなざしがある。この不確定な欠在こそ現在が内蔵している「深さ」である。

探偵は深さを探求する。犯人は世界の深さに身を隠し、また世界の深さに秘密を隠すからである。だが、探偵デュパンにとって深さとは詐術に満ちたものである。犯人はこうした世界の構造を逆手に取ることもあり、またそうした深さとは何の関係もなしに犯行を行っている場合もある。前者は狡猾な犯人であり、後者は犯行の当事者が狂人や動物のような場合である。そのとき深さの探求は有効ではなくなり、深さは出口のない迷宮となっている。デュパンが捜査に当たった二つの事件をみると、『モルグ街の殺人』では犯行の当事者はオランウータンであり、『盗まれた手紙』では狡猾な智慧の持ち主である大臣であった。いずれも世界にあるべきはずの深さの影に彼らは隠れていたのであり、秘密は表面に置かれていた。

これらの事件でG警視総監指揮下の警察が捜査に失敗するのは、彼らがいつも「深さ」の構造にこだわるからである。『盗まれた手紙』の場合、警察は犯人が偽装してつくりだした「深さ」の構造のなかに釣りこまれ、徹底的な捜査を行うが、世界にあるべき深さは何もはらんではいなかった。この事件は王妃の受け取った手紙が盗まれ、D大臣の手に落ちたことからはじまる。その手紙の内容はとくに国王には見せたくないもので、狡猾な大臣はその手紙を手にすることによってこの数カ月、危険なまでに権力を振るってきたという。警察は大臣の不在のあいだにその屋敷を徹底的に調べたが、手紙は一向に出てこない。そこで警視総監はデュパンのところへ手紙を取り戻してくれるよう依頼してきたのである。

警視総監の話すところでは、大臣の住む建物全体を一部屋ごとに調べ、一部屋に満一週間の夜を費やしたという。警察は物差しを用いて、家具や戸棚や椅子に秘密の引き出しがないかを確認し、クッションは細長い針でその中身を調べ、テーブルは上板を取りはずしてその内部を調べた。椅子の桟、家具の継ぎ目も強力な拡大鏡を使って調べ、板とガラスのあいだ、寝台や寝具もそのなかを探ってみた。彼らは屋敷じゅうを各平方インチごとに調べ、家の周囲の地面についても煉瓦のあいだの苔まで調べた。大臣の書類のあいだ、図書室の書物のなか、表紙、装丁の中身、絨毯の下や床、壁紙、穴蔵ももちろん調べたという。だが、盗まれた手紙は出てこなかった。

ここで問題があるのは、警察の執拗な捜査がどれも秘密の「内部」を求めて行われた点である。世界は秘密を内蔵する「深さ」を宿していると考え、彼らは「深さ」の方向に沿って屋敷じゅうのあらゆる表面を徹底的に調べあげた。そこでデュパンは考える。警察の捜査は普通一般人の工夫を想定している。だが、特別な悪人の場合、その狡知や智慧の質が異なっており、そのような特殊な工夫への対応をきっちり考えなければならない。「深さ」の方向に捜査を進めるのは、秘密を隠すときの一般的な工夫に対応しているが、この犯人の工夫が特殊なのはそういう一般的な工夫を根本的にくつがえしている点にある。つまりD大臣は一般的な意味では「無‐工夫」を用いたのである。

デュパンはいう。

> だが僕は、D——の大胆な、思いきった、明敏な工夫力と、彼がその書類を有効に使おうと思うなら常にそれを手近に置かなければならないという事実と、それが総監のいつもの捜索の範囲内には隠されていないという、その決定的な証言とを考えれば考えるほど、——大臣がその手紙を隠すのに、ぜんぜんそれを隠そうとはしないという遠大な、賢明な方策をとったのだということがわかってきたのだ。[17]

その手紙は、誰の目にも止まる、マントルピースの中央のすぐ下から吊された安物のボール紙製の名刺差しの仕切りに、二つに裂きかけたまま、無造作に、ぞんざいに突っこんであった。

『モルグ街の殺人』では、警察は残忍な犯行の「動機」を求めて失敗した。『盗まれた手紙』でも警察は秘密を隠す「内部」を求めて失敗した。事件はいずれも表面しかもっていなかったのである。[18]『モルグ街の殺人』では犯人がオランウータンという獣であり、もともと動機を宿す内面の深さがなかった。『盗まれた手紙』では犯人は智慧ある大臣で、作為によって、秘密を宿すべき内部のない空間、つまり表面に手紙を置いていた。警察は無垢なオランウータンと狡猾な大臣の中間にいて、凡庸に深さを探る存在でしかなかった。大臣とオランウータンは、自然と作為の違いはあるが、いずれも警察が動いている深さのある空間とは別のトポス、すなわち深さのない空間に出入りしており、そのために彼らは警察の捜査の目をくらましたのである。

図2 「盗まれた手紙」を入れ替えるデュパンとD大臣（カルロス・サンチェス画）

この場合、深さは逆説的な形態を

取っている。深さがないことがまさに深さになっているからである。これがポーの好む探偵小説の形式なのだろう。深さの時代にあっては、むしろ表面こそ最大の深所なのである。猿も、大臣も、「表面」を跳梁跋扈している。探偵デュパンは自分の手法を次のように説明している。

こういうわけで、あまり考えが深すぎるということがあるものだ。真理は必ずしも井戸のなかにはない。事実、重要なほうの知識となると、それはいつも表面《うわべ》にあるものだと僕は信じる。深さは、真理を探し求める渓谷にあるのであって、その真理が見出される山巓《さんてん》にあるのではない。こういった誤謬の典型は、天体を観察するときのことでよくわかる。星をちらりと見ることが——網膜の外側を(そこは内側よりも弱い光線を感じやすいのだ)星の方へ向けて横目で見ることが、星をはっきり見ることになる、——星の輝きがいちばんよくわかるのだ。その輝きは眼を星に十分に真正面に向けるにつれてぼんやりしてゆく。そりゃああとの場合にはたくさん光線が目に入るさ。が前の場合にはもっと安全な感受能力があるのだ。過度の深さは考えを惑わし力を弱める。あまり長く、一心に、あるいはまともに、じっと見ていれば、金星だって大空から消えて見えなくなるかもしれんよ。(19)

「深さ」が世界に仕掛けられたとき、その深さを探求するのが探偵の仕事となる。これに対して、ポーは「深さ」そのものを罠とするような犯罪——無垢の自然であれ、狡猾な作為であれ——を描いて見せた。だが、それは決して「表面」の時代――より正確にいえば表面しかない時代――への回帰を意味するものではない。表面だけが存在する時代はすでに終りを告げており、いかなる表面も深さを前提し、深さとの相関で存在する時代がはじまっていたのである。

そこでポーは、表面がそのまま表面であることを描いたのではなく、表面がまさに深さになるような事件を描いてみせた。ポーの時代、表面はそれ自体で存在するのではなく、すでに深さのゲームのなかに逃れがたいかたちで回収されてしまっている。この構図のなかではじめて深さのないことが深さであり、驚きであるような事件が成立するのである。深さを求めるゲームが終りなく続く時代のなかで、ポーはこの深さを求めるゲームそれ自体を遊び《ゲーム》の対象にしたのだといえよう。

探偵デュパンの手法についてもう一つ注意すべき点がある。それは「過去からの連鎖」を設定する場合に必要な「事実」が、思いがけないかたちで世界の表面に散らばっていることである。推理のゲームにおいて重要な事実とは、事件の深さに直接つながりがあるように見える事実ではなく、むしろ恣意的で、瑣末で、断片的で、外面的な「痕跡」である。「暗号」のようなかたちで表面に散らばっている事実、外面的で取るに足りないいくつかの断片――こうした外面的な事実こそ、内奥の動機を復元する道筋で決定的な役割を果たすのである。

『マリー・ロジェの謎』でも、重要な事実は外面的な表層に散らばる、取るに足りない、無造作な痕跡であるという視点は崩されていない。ここでも謎を解く鍵は表面に求められる。だが、探偵にとってはその表面で一体何に注意を注ぐかが問題である。デュパンは自分の捜査方針を次のように述べている。

僕のいまやろうという方針では、我々はこの惨劇の内部の諸点を放棄して、その外部に注意を集中しようというのだ。今度のような調査に非常によくある誤りは、探索を直接の出来事だけにかぎって、傍系的の、あるいは付随的の出来事をまるで無視することだね。証拠や弁論を外見上の関係のある限界に制限するというのが、法廷の悪い習慣だよ。だが、真理というものの多くが、おそらく大部分が、見たところなんの関係もないものから出てくるということは、経験がいままで示してきたし、また真の理論も常に示すところだろう。(20)

惨劇の内部にある諸点とは、事件の内的な意味連関を構成するような事実、つまり動機と直接に結びつくような事実のことである。それはまず事件に深さを設定し、その深さに宿る動機と結びつくような範囲にある要素である。人びとはそうした深さから逆算して注意を払うべき事実の範囲を限定するが、デュパンによれば、それは誤ったやり方である。重要なのは、そうした注意の範囲の外側にあるような「傍系的もしくは付随的な要素」のほうである。表面を探る探偵のまなざしが注視すべきは、そのままでは意味や深さをもたない痕跡なのである。

「盗まれた手紙」は大臣の屋敷にそのまま放置されており、その発見が事件の解決そのものであった。他方、モルグ街の惨劇の場合は、「黄褐色の髪の毛」が現場のなかに残されていたが、その髪の毛はあくまで瑣末な痕跡の一つでしかなかった。そこから推論を経てオランウータンに到達するには、改めてその痕跡を取りあげ、解読するという操作が必要である。デュパンはキュヴィエの著作を参照することによって、この痕跡を解読するのに成功する。現場に残された髪の毛を弁別する諸特性は、その髪の毛が人間のものではなく、東インド諸島に棲む黄褐色のオランウータンの毛であることを示していた。こうして得られた事実を、さらに他の手掛かりと組み合わせることによって、事件の適切な解読が可能になったのである。

警察の捜査では、この「髪の毛」が事件の内的な意味連関を構成しているとは思われなかったといえよう。それは表面に無造作に散らばっていた痕跡の一つであり、それだけでは事件を解読するための有効な単位にはならなかった。その痕跡はそれ自身では何も意味せず、他の一連の要素——動機が不明であること、犯行の獣的な残忍さ、犯人の超人的な能力、ボルネオからオランウータンを持ち帰った水夫の存在——と組み合わさってはじめて何かを意味する記号になったのである。このように、事件を構成する意味の深さに到達するには、一見したところ深さに結びつかないような表面を経由しなければならない。重要なのは、そうした表面に無造作に残された「傍系的もしくは付随的な要素」こそ事態を明らかにする鍵になるということであり、デュパンのこの命題はシャーロック・ホームズの推理にも受け継がれていくことになる。

## 三　緋色の研究

アーサー・コナン・ドイルが最初の作品を執筆したのは一八八六年のことである。その原稿はあちこちの出版社に送ってみても、返されるばかりであったという。その年の一〇月になって原稿がロンドンのワードロック社に届けられ、同社がやっと版権を二五ポンドで買い上げることになるのだが、それでも原稿は一年間寝かせられることになった。ようやく一八八七年の一一月末か一二月はじめ、その作品『緋色の研究』は、『ビートンのクリスマス年刊誌』第二八号に掲載されたのである。[21] だが、「そして何も起こらなかった」といわれるように、[22]『緋色の研究』は当時すぐに人気を博したわけではなかった。一八八八年に単行本の初版が出されているが、シャーロック・ホームズが爆発的な人気を獲得するようになるのは、一八九一年に『ボヘミアの醜聞』にはじまる短編シリーズが『ストランド』誌に連載されだしてからである。

『緋色の研究』(*A Study in Scarlet*)という作品は、それ自体一個の探偵小説にすぎないが、他面では探偵小説一般の定義を与えるような探偵小説にもなっている。つまり、この作品はドイルの考える探偵小説という形式の宣言でもあった。事件に取り掛かったホームズが「探偵の仕事」についてワトソンに語る場面が印象的である。それは彼らが事件の捜査のあと、馬車に乗って下宿に引き返す途中のことである。

きみがいなかったら、ぼくは出かけてこなかったかもしれないし、こんな生まれてはじめての面白い研究を、危うく逸するところだった。そう、緋色の研究というやつをね。たまには、少々絵画的な表現を使ってもかまわんだろ？　つまりいいかね、人生という無色の糸かせのなかに、殺人という緋色の糸が一本まじっていて、われわれの仕事はそいつを解きほぐし、引き抜いて、端から端まですっかり白日のもとにさらすことなんだ。(23)

ここでホームズは、探偵の仕事とはたんなるトリックの解明ではなく、殺人という緋色の糸が一筋そこから伸びてくる人間的な「動機」の解明にあると考えている。探偵は犯人の「過去」にまでさかのぼって事件を調べねばならない。そこには人間としての動機が宿っている社会学的な深さがあり、「緋色の研究」とはこの「深さ」の次元を探査することである。こうした考え方が成立するのは、世界には人間の動機が宿るような深さがあるにもかかわらず、その深さが十分に見えないような構造がひそんでいるからである。

『バスカヴィル家の犬』に見られるように、ごくありきたりにしか見えない人間がじつは思いがけない過去をもっている。バスカヴィル家の執事の正直な妻に、刑務所を脱獄した恐ろしい弟がいることを知って、ワトソンは次のようにいう。

サー・ヘンリもぼくも、びっくりして、この女を見た。この気がきかないほどまじめな女が、国じゅうにさわがれている犯罪人と血を分けているなど、あり得ることだろうか。(24)

「緋色の研究」とは世界の社会学的な深さを調べることであり、隣人たちの思いもかけない過去を知ることである。ホームズは事件の鍵を握る兄妹の身元を調べることによって、彼らがじつは夫婦であったこと、そして兄と称する男はイングランド北部の学校で校長をしていたが、その後、妻を連れて雲隠れしたことをワトソンに教える。しかも、この男はバスカヴィル家の一族の一人であるのに、時間の壁の向こうで名前まで変えていたことが明かされる。大都市の群衆のあいだを行き交う人間だけでなく、田舎や田園に住みついている人びとの相貌にも時間の壁に囲まれた意外な深さがひそんでいる。ここで探偵の方法は世界にひそむ深さや起伏を正しく測定することである。

この「緋色の研究」という構造は、『四つの署名』(一八九〇)、『バスカヴィル家の犬』(一九〇二)、『恐怖の谷』(一九一五)などホームズ物の長編に共通している。『緋色の研究』では、物語は二つの部分に分かたれる。前半は事件の現在を描いており、後半は過去の事実の解明になっている。現在は、その過去と「復讐」という緋色の糸によってつながっている。この小説で犯人は、殺人現場となった部屋の壁に、自分の血でドイツ語の「RACHE」(復讐)という文字を書き残すのである。もちろん「復讐」や怨恨や嫉妬だけでなく、世界の深さは「財産」というより一般化された欲望を宿していることもある。たとえば『バスカヴィル家の犬』の犯人は巨大な財産の着服を狙っていた。だがこの場合も、その動機は外面的なものであって、そこには別の、深い過去(の宿命)が重なっていたわけであるが。

このように「緋色の研究」とは逆向きの推理をすることである。現在はそのままでは謎であり、何かを欠いて眠ったままであるといえよう。これに対して「緋色の研究」は、現在の事実に含まれる過去という深さの次元を探査する。それは過去の復元と想起のなかで現在の事実を、そして現在が欠いているものを目覚めさせる。その探求は現在の事実がもっている「時間的な深さ」にかかわっている。だが、この時間の壁の向こう側と現在とは直接に有縁的な関係でつながっているわけではない。時間の壁の向こう側に到達するためには、現在それ自身の表面にたわむれている微視的な痕跡=記号の群れを通過しなければ

図3 床に倒れた死体を発見するホームズたち,壁にはRACHEの文字(ワードロック社刊『緋色の研究』のため作者の父チャールズ・ドイルが描いた挿絵)

ならないのである。

「緋色の研究」においては、「時間的な深さ」(人間学的な深さ)とは異なるもう一つの深さの構造が交差している。すなわち、現在それ自身の表面に恣意的な痕跡＝記号がたわむれており、それが別種の深さをつくりだしているのである。この微視的な痕跡＝記号のたわむれはギンズブルグが注目し、また探偵デュパンの手法が照準しようとしていたものである。取るに足りない細部、あるいは微視的な痕跡＝記号の群れが、角度を変えて見れば、何かを意味する水準があり、そこには事実それ自身の「空間的な深さ」(記号論的な深さ)が横たわっている。「緋色の研究」を成功させるには、事実の表面にはらまれているこの空間的な深さを通過しなければならない。

「緋色の研究」とは、①事実の表面にたわむれる微細な痕跡の記号論的な解読を通じてある「個人」の存在を復元し、②さらに「時間的な深さ」のなかに埋もれたその個人の動機にまで到達するという作業からなっている。それは事実の「記号論的な深さ」を事件の「人間学的な深さ」に統合し、何かを意味するものにすることである。「緋色の研究」は次のような二重の過程から構成されている。

(a) 「個人」の存在やその同一性をある人間学的な深さにおいて同定すること。

(b) それ自身は人間学的な意味の深さと結びつかず、ただ事件の表面にたわむれている微細な「痕跡」の布置を解読すること。

ここで微細な「痕跡」の解読は、ある「個人」の存在を識別し、同定する作業に統合されねばならない。

しかしホームズ物でも、短編においては、世界の人間学的な深さを精密に、リアリティゆたかに探査するという手法を取ることはむつかしい。そのような探査は一定量以上のヴォリュームを要求するからである。たとえば『ボール箱事件』(一八九三)という短編では、ホームズの推理はたしかに世界の人間学的あるいは社会学的な深さを測量して「緋色の研究」という体裁をとるのだが、その興味の中心はむしろ世界の表面に浮かぶ微細な痕跡の記号論的な解読にあるといえよう。

微細な痕跡の解読は世界の人間学的な深さを認識するための重要な補助線となるものだが、この種の短編では、むしろ細部にたいする解読の作業のほうがその作品を他のものと区別する重要なモティーフとなっている。すでに見たように、デュパンもこうした細部の重要性を『マリー・ロジェの謎』で強調していた。デュパンは事件の内面には関係ないようにみえる「傍系的で、付随的な要素」を重視すべきであると主張したが、コナン・ドイルはホームズを通じてそのような細部にたいする注視と分析をきわめて印象的な仕方で描くことに成功し、大きな人気を博すのである。

『ボール箱事件』では、ロンドンに住むある女性のもとに、黄色いボール箱の入った小包郵便が送られてくる。粗塩が詰まったその箱のなかには切り取られた人間の「耳」が二つ入っていた。ホームズはこれらの「耳」の解剖学的な特徴から事件の鍵を解くことになる。ここでも犯罪の動機、つまり人間学的な過去の探査が行われてはいる。だが、キー・ポイントになるのは、事件に見舞われる一家の人びとがもっている「耳」の類似にあった。ホームズは次のように述べている。

きみは医者だからよく知ってるだろうが、人体の一部で耳くらいさまざまに変わっているものはない。耳には一つ一つ、原則として特徴があって、他の耳とはちがっているのだ。去年の『人類学会報』を見れば、この題目についてぼくの書いた小論文が二つのっているよ。だから、ぼくは箱の中の耳を、専門家の目でしらべ、解剖学的特徴を入念に控えておいた。そんなわけで、カッシング嬢を見て、その耳が、今しらべてきたばかりの女の耳とぴったり一致するのをみとめた時の、ぼくの驚きを想像してくれたまえ。それは偶然に一致したなどとは、とうてい考えられないことだ。耳翼がみじかい点も、上の耳たぶが、ひろくまがっている点にも、内軟骨が旋回している点も、同じだった。主要な点から見てそっくり同じ耳だった。(25)

ホームズにとって「耳」とは、解剖学的な特徴の集合、より正確にいえば個人を識別するための「弁別的な特性」のシステムである。犯人の耳翼、耳たぶ、内軟骨などの弁別特性そのものには、犯行の人間学的な意味は宿っていない。だが重要なことに、これらの弁別特性が組み合わさることにより、人間学的なレヴェルにある「個人」の存在を形式的に弁別する能力をもつようになる。

これらの弁別特性はある深さのなかに隠れているのではない。それらはそのまま表面の空間に痕跡として現れている。ただ、これら表面の痕跡はそのままでは沈黙したままである。それらは取るに足りない断片であり、犯行の人間学的な意味にたいしては傍系的で恣意的な要素にすぎない。だが、それらは「指紋」と同じように、差異のシステムを媒介にして――つまり有縁的な意味のつながりを介してではなく――ある個人の存在を弁別することができる。

この事件では、耳のかたちという、人間的な個性がもっとも現れにくいところに、その人の消すことのできない個性が見いだされる。要するに「緋色の研究」は、過去から現在を説明するという人間学的な時間の探求だけでなく、ある差異のシステムを通じて個人の存在を弁別する記号論的な空間の探求をともなっているのである。前者は動機という内的な必然性を媒介にしており、「解釈学」的な興味をそそるものだが、後者は表面の痕跡という恣意性を媒介にしており、「記号論的な形式」における謎解きへの興味をそそるものとなっている。いずれの次元も不可視の影のように現在の事実に同伴しており、現在に交錯しているのである。

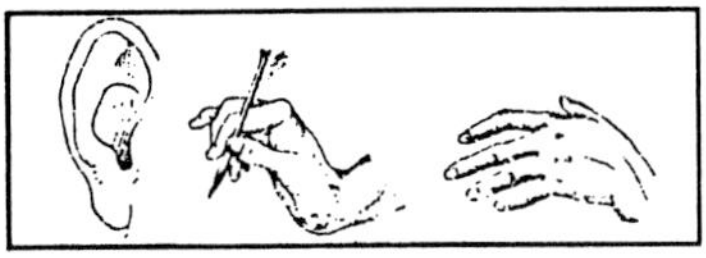

ボッティチェルリの描く耳と手

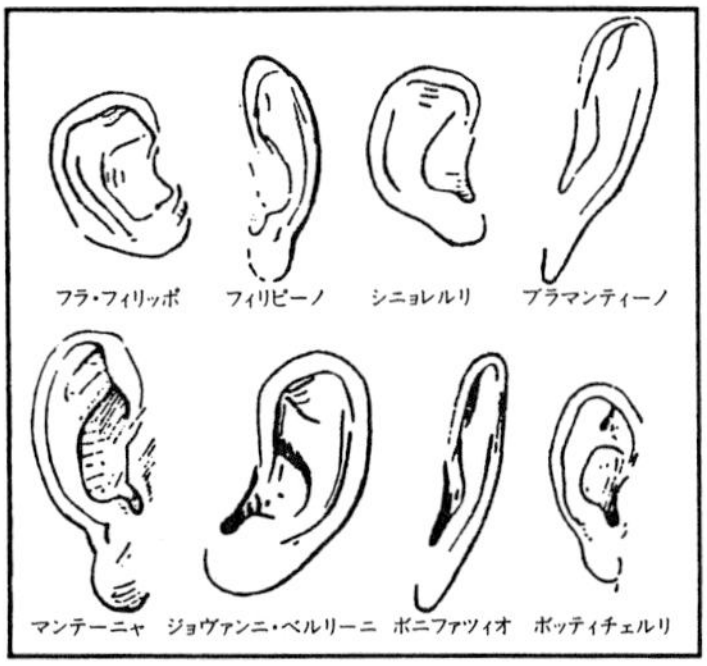


各画家の特徴的な耳

**図4**　画家による「耳」の描写の差異（モレッリ『イタリアの絵画』）

コナン・ドイルが『ボール箱事件』で描いて見せた、「耳」の微細な解剖学的特徴からその耳を所有する人物を識別するという視点は、ギンズブルグがいうように、フロイトの精神分析の手法や、ジョバンニ・モレッリによる絵画の作者の鑑定法にも見られるものである。(26) フロイトはモレッリの鑑定法に関連して次のようなことを述べている。

私がそもそも精神分析などというものに首を突っ込み出すよりずっと以前に聞き知ったことであるが、ロシアの一芸術鑑識家イワン・レルモリエフ(その最初の諸論文は一八七四年から七六年にかけてドイツ語で発表された)が、多くの絵画の、これまで普通にはその作者とされてきた画家の再吟味を行ない、本物と模写とを確実に区別することを説き、それまでその絵に貼られていたレッテルを剝いで新しい芸術家の作品と鑑定することによって、ヨーロッパ各地の美術館に革命をまき起こしたことがあった。彼は、絵の全体印象や主要な特徴を度外視せよという、第二義的な細部の、たとえば指の爪、耳朶、光輪、その他これまで見過ごされていたような事柄など、つまり模写画家がそこまで正確に模写しなくてもと考えたような部分、しかも芸術家たる者ならば彼独特のやり方で描き上げるような部分、そういう些細な点の特色的な意義を強調することによって、この仕事を成しとげたのであった。ところがこのレルモリエフというロシア名は実は偽名で、この人は本当はモレルリというイタリアの医者であった。(27)

フロイトによれば、モレッリは一八九一年に死んだが、このモレッリの手法は精神分析の手法にきわめて近いものである。というのは精神分析も、通常はほとんど重視も注意もされないような諸特徴、いわば「観察の残り滓」から隠されたものを判じ当てることを仕事としているからである。ここからすれば、三人の医者、つまりドイル、モレッリ、フロイトはある共通の視点をもっていたことがわかる。彼らはいずれも、主体の欲望や動機と内的に連関しているように見えない、取るに足りない要素、つまり「意識の支配外にある要素」こそ、その意識の主体が何者であるのかを識別する個性の中核だと見ていたのである。

こうした視点のもとでは、経験は、人間的な主体の意識（動機）に関与的な層と、そうした主体に関与的でない無意識の層に二分されている。しかし、モレッリにとっては主体の意識ないし動機が何であるのかは問題ではない。無意識の層に現れる特徴的な表現の束が絵画の制作者と直結したところですべてが終るからである。また、フロイトにおいても人間的な意識や動機は決定的な重要性をもっているとはいえない。欲望はむしろ無意識の形式のうちにそれ固有の運動やかたちをもっているからである。だが、ドイルの場合には事情が異なっている。ドイルの探偵小説は意識の支配外にある要素のたわむれを、主体の意識である動機と結びつけ、意識の主体を復元するというある種欺瞞的な作業によって事件を終結させねばならないからである。ここにはドイルの仕事の限界と同時に大衆的なわかりやすさも示されている。

モレッリ、フロイト、ドイルの視点を安易に同一視するのは危険である。しかしながら、それらの視点を可能にする知の空間がいずれも近代的なものであるという点を忘れてはならない。モレッリやフロイトが人間的な主体の意識を括弧に入れたまま空隙にしている場所に、ドイルはありうべき人間とその動機を補塡する。その意味でドイルは近代人の不安の扉をそっとひらくと同時に閉じているのである。ドイルの視点からすれば、現在、つまり事件の現場に残された痕跡＝記号には、それが帰属する「形式的なシステム」の次元と、それが意味する「人間的な主体」の次元が交錯している。この二つの次元は単純に対立するものではなく、たがいに通底しあっている。

「緋色の研究」はこの二つの次元を統合するところに成立する。それは一方で、痕跡をそれが表象するもの（意味内容）から切り離す。つまり一定の「形式化」を行うことによって、痕跡は形式的なシステムの次元を通じて解読される記号となる。さまざまな痕跡を、人間的な深さを構成するような意味内容の次元から切り離し、それ自体の形式的な特性の水準で注視してみると、デュパンのいう「傍系的で付随的な要素」でしかなかったものが何か重要な意味を帯びてくるのである。

しかし、この形式的な水準の分析は決して事件の人間学的な「解釈」と対立するものではない。事件の解釈は事件の背後に人間的な深さとそこに宿る主体を想定する。そこで事件を構成する記号の連関はこの主体との相関で解読されることになる。この主体こそ「逆向きの推理」がめざすべき到達点であって、解釈の準拠点となるのは主体の「動機」という経験の地平である。そのような動機の解明によってはじめて事件の解明は終局にいたる。「緋色の研究」においては、痕跡＝記号の形式的な探求は動機の解明という人間的な解釈学の地盤に統合されねばならない。もちろん、この統合が依然として二元論的な色彩を色濃く残したままであるとしてもである。

フーコーによれば、構造主義は「あらゆる内容以前にわれわれの無意識に課せられている純粋な形式を明らかにしようとする」試みであり、現象学は「経験の土壌、存在感覚、われわれのあらゆる認識が生きられる地平といったものを、われわれの言説のところまで来させようとする」努力である。(28) 構造主義は解釈学の試みを形式化の地平に還元しようとする試みであり、現象学は形式化の可能性を生ける身体という地盤に差し戻そうとする試みである。そこには形式化と解釈学という近代的な知の二重性が横たわっている。「緋色の研究」はこうした二重性に統合の外見を与えるが、それはあくまで外面的な統合であり、また解釈学のほうに最終的な目標をもっている。

このような観点からすると、人間的な動機が見えなくなるとき、しかもそれが狡猾な作為あるいは獣のような自然に媒介されていたというのではなく、動機という概念の構成そのものに根本的な狂いや不可能性がはらまれるようになったとき、「緋色の研究」はどのようなかたちで可能になるのだろうか。大臣と猿はそれぞれ動機の明快な存在／不在に対応していた。しかし、犯行の主体が何か異様な動機をはらむとき、主体と動機のあいだに亀裂が走るとき、「緋色の研究」は果たして可能なのだろうか。このような疑問を喚起するきっかけになるのは、理性の名のもとに無差別の殺戮が行われ、人びとがはじめて全体的な狂気を経験した第一次世界大戦である。興味深いのは、この戦争とともにシャーロック・ホームズが舞台を去っていくことであり、それと入れ替わるように、篤志看護婦として世界戦争を経験したアガサ・クリスティーが、病院から狂気のかけらをそのまなざしに忍ばせながら戻ってくることである。

## 四　最後の挨拶

シャーロック・ホームズは、一九一四年八月二日（日曜日）夜の事件とされる『最後の挨拶』（一九一七）以降、探偵としての仕事の舞台を去っていく。小説のなかでホームズが活躍しはじめたのは一八七四年頃の事件と推測される『グロリア・スコット号』（一八九三）までさかのぼることができるので、[29] そこから勘定すると、小説の世界ではおよそ四十年の年月が流れていることになる。そのころホームズは南イングランドの農園に隠遁して、書物を読み、養蜂家として暮らしていた。だが、この事件で時の首相の依頼まで受けて、二年の期間を費やし、ようやくドイツの秘密諜報部員を罠にかけ、逮捕することに成功するのである。

事件の日の前日、ドイツはロシアに宣戦布告をしている。それは第一次世界大戦が本格的に開始されたときであり、「世界史上もっとも恐るべき八月」のことであった。この事件の構図自体は単純であり、またその解決は歓迎すべきことだった。だがそれでも、ホームズの胸臆からある種のやりきれのなさが消えることはなかった。風雲急を告げる世界の何とも不安な情景のなかに自分たちがいることを彼はよく知っていたからである。

物語はホームズとワトソンが交わす次のような会話の場面で終っている。

二人の友は、彼らの囚人が縛めを解こうとむなしく身をもがいているのをよそに、もう一度来《こ》し方のことどもをいろいろと回想しながら、二、三分の間、くつろいだ会話にふけっていた。二人が車のところに戻って来た時、ホームズが月光に輝く海を指さして、もの思わし気に頭《かぶり》を振った。

「東の風が吹き出したね、ワトソン」

「そうじゃないよ、ホームズ。だってとても暖かいじゃないか」

「わが旧友ワトソン！　この有為転変の時代にあっても、きみだけは変わらぬ人だね。でもしかし、たしかに東の風が吹き出したのだよ。かつて一度としてイングランドに吹き寄せたことがないような風がね。冷たくて身を切るような風だよ、ワトソン。こいつの吹きまくる中で、われわれの多くが滅びていくかもしれない。しかし、それもまた神の御意《みこころ》になる風なのだ。そして嵐が過ぎ去ったとき、燦然たる陽光の中には、もっと清らかで、もっと気持ちのよい、もっと強い国が残っているにちがいない。さて、ワトソン、愛車にエンジンをかけてくれたまえ。そろそろ行かなくちゃならんよ。この五百ポンドの小切手も早めに換金しとかなきゃあならんしね。だって、こいつの振出し人ときたら、なろうことなら、いつだって支払い停止なんてことを言い出しかねないもの(30)」

英国で「東の風」とは北極から北海を超えてやってくる冷たい不快な風だという。この作品が発表されたのは一九一七年のことで、すでに第一次大戦はその狂気と破壊を十分に明らかにしていた。コナン・ドイル自身も戦争で息子を失っている。最初の作品である『緋色の研究』(一八八七)を書いてからこの作品まで、三十年の月日が流れていた。この作品を節目にしてというより、第一次大戦そのものを契機にしてホームズによる「緋色の研究」は事実上終焉することになる。

それはある意味でドイル自身の人生の問題である。だが、探偵小説と呼ばれる言説の運命という点から考えると、ホームズの退場は「緋色の研究」という形式がもはやリアリティをもちえないような世界が顔を覗かせはじめたことを物語っているようにみえる。ホームズが最後に「不快な東の風」が吹きはじめたというのは、たんにドイツによる戦争の開始という隠喩を超えて、むしろ「緋色の研究」と相関し、均衡し、その対象となるような世界そのものがカタストロフィを引き起こし、別の相貌をもちはじめたことを暗示しているのではないだろうか。

そもそも「緋色の研究」が成り立つのは、人間の運命のうえに幾重もの時間の地層が重ねられ、その名前や外観がすっかり変わったとしても、世界の思いがけない深さを追っていくことにより、その人間の同一性を何とか確定することができる場合である。そこで人間が経てきた変遷こそ世界のやりきれない深さを告げるものであった。深さとはある同一性がそこに貯えられ、書きこまれる

"All the News That's Fit to Print."

The New York Times.

THE WEATHER

VOL. LXIII...NO. 20,644. NEW YORK, SUNDAY, AUGUST 2, 1914.—88 PAGES, In Seven Parts, PRICE FIVE CENTS

# GERMANY DECLARES WAR ON RUSSIA, FIRST SHOTS ARE FIRED; FRANCE IS MOBILIZING AND MAY BE DRAWN IN TOMORROW; PLANS TO RESCUE THE 100,000 AMERICANS NOW IN EUROPE

Transports for Refugees Being Considered by State Department.

MAY CHARTER VESSELS

Appropriation Will Probably Be Asked from Congress to Rescue Stranded Americans.

MIGHT SEND OVER GOLD

To Relieve Those Unable to Get Cash on Paper or to Obtain Passage.

NEW WARSHIPS NOW THERE

Consuls Being Confronted with Many Urgent Calls for Assistance.

ANXIOUS INQUIRIES POUR IN

ENGLAND HESITATES WHAT COURSE TO TAKE

Grey Wants to Throw the Weight of Great Navy at Once in Favor of Russia and France.

Special Cable to THE NEW YORK TIMES.

LONDON, Sunday, Aug. 2.—Great Britain's rôle in the European war now begins to be a great question. THE TIMES correspondent learns on good authority that the Cabinet is practically divided into equal parts on the question whether to take immediate action or await developments in the hope of remaining outside of the struggle.

Sir Edward Grey, according to this information, heads the party which believes that it is England's duty and interest to throw the weight of her navy at once into the scales on behalf of France and Russia.

Lloyd George heads the other faction, which believes that this country can with honor and advantage hold itself outside and not engage in a European conflict.

France Orders Mobilization After Germany Asks Her Intentions.

DELCASSE WAR MINISTER

Germany's Old Enemy Heads Army Organization — Once Nearly Caused Conflict.

CLEMENCEAU IN CABINET

President and Cabinet Issue a Manifesto to French Nation.

PLAIN WORDS TO GERMANY

"You Are Mobilizing; We Know It," Says Prime Minister to German Envoy.

ORDERS TO FOREIGNERS

Poincare Orders Mobilization, Telling France It Is Not War Yet

KAISER SIGNS ORDER MOBILIZING HIS ARMY

"Let Your Hearts Beat for God and Your Fists on the Enemy,"

Germany's War Challenge Delivered to Russia at 7:30 Last Evening

EMBASSY THEN DEPARTS

Enrollment of Reservists Begun Throughout the Czar's Vast Empire.

STIRRING SCENES ATTEND IT

Hardly a Family but Loses a Protector, Yet They Take the Call Submissively.

FRANCE HAS TILL MONDAY

Reply to Germany Due Then, but Issue May Be Forced Earlier.

ITALY REMAINS NEUTRAL

LUXEMBURG INVADED.

Chronology of Yesterday's Fateful Events

12 Midnight—Germany demands that Russia cease mobilization and gives a twelve-hour limit.

2 A. M.—King George of England, after an audience with Premier Asquith, telegraphs to the Czar, making a strong appeal for peace.

12 Noon—The time limit of Germany's ultimatum to Russia expires.

5:15 P. M.—Emperor William signs an order for the mobilization of the German Army.

7:30 P. M.—The German Ambassador at St. Petersburg delivers to the Russian Government a declaration of war in the name of Germany and leaves St. Petersburg.

First Shots Fired in the Russo-German War.

BERLIN, Aug. 1.—A German patrol near Prostken was fired on this afternoon by a Russian frontier patrol. The Germans returned the fire. There were no losses.

Prostken is a village of 2,300 inhabitants, in East Prussia. It is situated about two and one-half miles west of the international boundary line, on the Konigsberg & Lyck Railroad. The nearest Russian village is Grajeto, about three miles across the international boundary.

Kaiser Forgives Enemies, Prays for Victory

BERLIN, Aug. 2.—The Emperor again spoke from a window of the Castle tonight to a crowd of 50,000 beneath, who cheered and sang patriotic songs until he appeared. He said:

"I thank you for the love and loyalty shown me. When upon a fight let all party strife cease. We are German brothe nothing else. All parties have attacked me in times of peace. give them with all my heart. I hope and wish that the good sword will emerge victorious in the right."

The speech was thrice interrupted by vociferous cheering. At its conclusion the Kaiser bowed in all directions, retiring amid a frenzied demonstration.

図5　ドイツのロシアに対する宣戦布告の報道(『ニューヨーク・タイムズ』1914年8月2日号)

ような深さだからである。しかし、アンドレ・ブルトンが『シュルレアリスム第二宣言』(一九三〇)において探偵小説に侮蔑の言葉を吐くころには、世界に織りこまれたこの深さは微妙な変化を遂げるようになっていた(31)。というのは、世界の深さは人間の同一性を保証する次元でありながら、実際にはその同一性を宙吊りにするような「空虚な深さ」に変貌していくからである。この奇妙な深さはコナン・ドイルが定式化した探偵小説の安定した世界をその内部から腐食させていく。

ホームズがそうしたように、探偵は犯罪者に何らかの動機を配分し、確定することによって、ワトソンに、そして人びとに安心を与える。そこで探偵は世界の思いもかけない二重性を暴き、世界の深さを人びとに教訓として示したのである。しかし時が経つとともに、世界の深さはそう簡単に利用できるようなものではないことがわかってくる。その深さは人間的な価値や意味の形象を空しく漂白するような「空虚」を内蔵する場所となるからである。

世界の深さは今やデュパンがたわむれていたものでもなければ、ホームズたちが人間学的な教訓の場所としたものでもない、まったく別の相貌をもつようになってくる。しかもその空虚な深さは、シュルレアリストたちが目も眩む思いで志向したあの革命的な「空無なる驚異」が生成する「超現実」の次元とも異なっていた。ブルトンたちは現実のさなかにあって不意に「存在しないもの」の次元が切り裂かれることに夢中であった。だが、探偵小説の世界に生じつつあったのは、そのような興奮に値する魅惑的な空無ではなく、むしろ永遠に月の裏面であるような何か「不毛な深さ」だったのである。

だが一体、どうしてそのように不毛な空洞が忍びこんだのだろうか。たとえブルトンが探偵小説を侮蔑しようとも、人びとは世界の然るべき深さを知って安心していたのである。なぜなら、その深さこそ犯罪の同一性を、つまり動機の実定性を支えてくれる場所だったからである。しかし、「深さ」が動機を解明する確かな場所ではなくなり、むしろ解明しようとすればするほど、その解明の作業そのものが宙に浮くような空間になるとしたらどうだろうか。それこそ本質的な意味で解明を拒んでいる何か異様な事態が生じているのであり、どこかから強い抗議の声が聞こえてきそうな気配でもある。だが、第一次世界大戦という全体的な狂気の経験を通じて、世界は自分自身の力で軋み、裂けていき、不毛な空洞としての「深さ」を内包するようになっていった。そのことはコナン・ドイルを含めて、もはや誰にも止められなかったのである。

世界の現実を生きている人間の側からいえば、それが不毛な次元に見えたとしても、やはりその空虚な深さを「動機」の場所とせざるをえない。だが、そこに現れる動機は積極的な意味や価値を沮喪している。それは動機の主体にも真実のところ何であるのかわからないような奇妙な動機であり、主体の外部から侵入した狂気の形式のようにもはや外在的なものでしかない。人間の動機には金銭や怨恨、愛情、名誉心、独占欲、攻撃性などさまざまな種類があり、それらの内面的な動機によって犯罪が行われたのなら、世界の深さは決して空虚なものではない。だが、ある動機しか考えられず、しかもその動機が一個の人間をそこに復元するにはあまりに空しい答にしかならないとすればどうなのだろうか。

無差別殺人や大量殺人においては、深さの探求が直面するのは動機の恣意性であり、そもそも動機を考えることの不毛さである。そこで動機は狂気に限りなく漸近しており、意味を求める探偵の視線にたいして「空虚な箱」のようになっている。動機はある人間の同一性を確定する何かのはずだが、その同一性はもはや内面的な意味の次元に描かれるものではなくなっている。そこに誕生するのはもはや「空虚な形式」でしかないような動機である。しかし、本質的にはゼロでしかないような空虚な動機によって人が実に恐ろしい犯罪を起こす主体になるとすれば、そのとき世界はその主体の立っている場所に奇妙な「深さ」をもつようになるだろう。深さはあるが、それは確実性も、同一性もない、ただ主体が輪郭だけを残してその中身を完全に腐食されていくような「不毛な深さ」でしかないからである。

動機が空虚な形式ないし口実としてしか理解されなくなるのに応じて、世界はこの種の不毛な深さを拡大していく。第一次世界大戦後、二十世紀前半の優れた探偵小説が吸い寄せられていったのは、世界のこのよそよそしい「深さ」である。新しい探偵小説は動機を求めながら、同時に動機の実定性を無意識のうちに疑っていたのである。世界戦争は大量殺人と無差別殺人を自明なこととして人びとに強要したが、それ以降、探偵小説が表象する殺人にも、動機を恣意的なものに還元してしまう無差別殺人や大量殺人の影がつきまとうようになる。

一九二〇年代から三〇年代にかけて、動機(の主体)への疑惑は、探偵小説の「形式化」ないし「本格化」というかたちで現れる。[32] もちろん、作家も読者もまだ奇妙な深さの構造を十分に認識していないが、動機の探求に限界があることは意識していたのである。この限界の意識と表裏をなすように、彼らは動機の人間学的なリアリティよりも、むしろ巧妙なトリックに夢中になる。動機がつくりものだとか、不自然であるとかいう批判がなされようとも、探偵小説がトリック中心に形式化の方向を推し進めたのは、動機という概念性そのものが溶解するような切実な時代を背景にしていたからである。それは彼らの不注意や無能力のせいではなく、そもそも本当の動機やそれが宿る深さへの信憑が、実をいえばすでに存在しがたくなっていたからである。

探偵小説の本格化・形式化ということでは三つの方向が考えられる。それらはいずれも探偵小説の構成が動機中心からトリック中心に移行することを意味している。ありうべきトリックについてはおよそ次のようなかたちにまとめられる。

①犯行の空間にかんしては密室を構成すること

②犯行の時間にかんしてはアリバイを偽造すること

③犯行の動機を恣意的な形式ないし不在にすること

こうしたトリックの形式は、それを実行する犯人の人格的な固有性を超えて存在している。それらのトリックは犯人である人物の「人格的な同一性」はカッコに入れてもなお成立するものである。同一性が問題になるとすれば、それは内面的な動機の次元よりも、むしろ物理的な時空間における犯人の「身体的な同一性」のほうである。

アリバイの偽造や密室の構成は、犯罪の時空が一見したところ閉じているにもかかわらず、その閉ざされた領域に出入りしえた人物を、その身体的な同一性の水準において弁別することを主題にしている。「密室殺人」に典型的に見られるように、ここでは犯人の動機がカッコに入れられ、犯人を身体的に同定する作業が探偵のもっとも重要な仕事となる。それは動機を無視するわけではないが、二次的な問題にするという意味で、形式化の方向をいわば消極的なかたちで進めるものである。「密室殺人」は古典的なものであり、その傑作は第一次大戦より前にさかのぼれるが、[33] ジョン・ディクスン・カーのようにこの種のトリックと形式化の方向を進展させる試みは戦後にひらかれた新しい時代に呼応していたといえよう。

他方、「童謡殺人」と呼ばれるジャンルは第一次大戦の経験のあとにその傑作が生みだされる。それは密室殺人と異なり、無差別殺人や大量殺人という二つの側面をともに満たしているという意味で、世界戦争後の新しい時代の形式ということができる。そこで動機は犯行の主体の異様な「内面」にあると同時に、童謡の歌詞や時刻表のような「外部のテクスト」のなかにある。犯人が理性的である場合は動機は恣意性を帯びるし、狂気の場合は動機は不在になるが、いずれにしても探偵小説の形式化を積極的に進めるものとなっている。作品の最後にわかりよい動機が与えられるにしても、犯人が読者とともに通過した、動機が恣意性にさらされ不在に入れ替わるような空間は不気味な影となって残されたままである。

ヴァン・ダインの『僧正殺人事件』(一九二九)では、マザー・グースの歌詞に沿って次々に殺人が行われていくが、殺人の動機はあえていえば童謡の歌詞(シナリオ)にあることになる。「緋色の研究」を通じて犯人の動機を調べていくと、表面的でわかりよい説明は一応与えられるが、その動機に何か異様な破れ目があり、そこにはある種の狂気に似た「異常心理」がひそんでいることがわかる。しかし、そのような異常心理の設定は、その殺人事件が逃れがたい必然性をもつと同時に、根底において理解不可能なノンセンスに通じていることを物語っている。「童謡殺人」において動機は必要な形式であると同時に空虚な形式なのである。

たしかに形式的な動機は与えられ、「緋色の研究」はまだ続行可能なようにもみえる。だが、出来事の連鎖をつなぐはずの動機の糸は、もはや人間的な緋色をしているのではなく、どこかで狂気のような空白に浸されている。

古典的な探偵の場合、証拠(事実)とそれが意味するものとのあいだには恣意的なずれが仕掛けられていて、この間隙を乗り越える記号論的な解読が要請される。しかも、その解読は犯行主体の動機(欲望)の解釈とうまく接合する必要がある。だが、動機は証拠を超えたところに存在しているわけではない[34]。証拠は動機を内蔵する深さの空間に配列されることによってはじめて適切に意味するものとなるのであり、その意味で「緋色の研究」とはさまざまな証拠を深さの空間に統合することであった。しかし二十世紀という時代、世界戦争の経験のあとに、探偵小説という言語表現の小さな断面に、動機の存在と不在が同じことであるような「奇妙な深さ」をもった世界が立ち現れる。それはホームズが「東から吹く風」に暗い予感を抱いて去っていくと同時に、ただ人を殺すためだけに不気味な童謡が語り出される時代のはじまりを意味していたのである。

# 第三章　探偵小説の屈折と戦争

『時刻表』ほどありふれた、また無愛想なものもない。それは細かい情報に満ちているが、そのままでは何の意味もないからである。しかも、その記載が正しいかぎり、世のなかは大過なくすぎているという、ただそれだけのことである。それは平凡な日常がくり返し、規則正しく進行していることの証しであって、「聖書」や「経典」のように格別な真理や箴言を内蔵しているわけではない。『時刻表』の無愛想に厚い冊子は、鉄道網を運営する人びとの無数の行動が一個の巨大なシステムとして存在していることを、ただぶっきらぼうに伝えているだけである。

だが、鉄道のシステムがもっている卓抜した計算可能性はいつでも合理的に組織された暴力性に転化しうる。戦争はそのような転化を引き起こす場であった。ナチスのホロコーストも、ドイツが支配した欧州の領土を走る何百本もの列車とその精密なダイアグラムなしには不可能だったろう(1)。戦争がもっている理性と狂気を、鉄道は具体的に物質化したかたちで保持しているのである。

しかしながら、戦争だけがこうした転轍器ではない。世のなかには理性と狂気のたわむれを奇妙に歪んだかたちで保持している孤独な想像力がひそんでいるものである。実際、探偵小説には非人称のタイム・テーブルに秘密の図像を描きこむ恐ろしい人物が登場する。そこで「時刻表」は楽しい旅行やまじめな労働とは何の関係もない陰惨なゲームの対象として存在するようになる。すなわち、探偵小説が「時間」をめぐるアリバイのゲームであるかぎり、ダイアグラムの数字はいつでも邪悪な想像力が横切る不安なマトリックスに変貌しうるのである。それは精密な時刻表のなかに冷酷な殺意の一瞬が刻みこまれるときである。

イギリスにはこの時刻表がロンドンを中心にして「空間化」されているものがあった。それは殺人の場所がまったく恣意的に分布していることを匂わすために、つまり「空間」のアリバイとして、時刻表を用いることもできるということである。アガサ・クリスティーの『ABC殺人事件』(一九三五)で用いられた『ABC鉄道案内』がそうである。(2) その冊子には駅の名前がABC順に並び、その所在地、ロンドンからの距離、運賃、人口、そしてロンドンの駅からの出発時刻と到着時刻などの情報が掲載されている。ところが、この事件の犯人はまるで『ABC鉄道案内』の頁をめくっていくように、まず頭文字Aの駅の町で頭文字Aの人間を殺し、同じようにして次にB、そしてC……と殺人を重ねていくのである。

この連続殺人には表向き何の意味も、必然性もない。選択はA、B、C……という順序以外、まったく恣意的である。「殺人」が意味と必然性を要求するものであれば、つまり何らかの人間的な動機を必要とするものであるなら、この連続殺人はそうした動機を欠いていることになる。それは一つの「遊戯」であり、遊戯で人を殺す人間は「狂人」であることになる。大衆やマスコミを騒がせること、警察や探偵の頭脳をからかい、揶揄すること、あるいは殺人のゲームそれ自体を楽しむことなど、種々の心理的効果を考えることもできるが、いずれにしても、この遊戯殺人の犯人にとって被害者はまったく恣意的な対象でしかないのである。

このABC殺人という形式には「戦争」の影がつきまとう。そこでは誰が死んでもよく、まったくの恣意性のうちに誰かが殺される。また、ただ一人の人間ではなく、多数の人間が次々に殺される。それは戦争と似ている。というより、それは戦争のように狂っているのである。捜査線上に浮かんだ第一容疑者も、戦争で頭を負傷し、ときに癲癇の発作を起すことのある退役軍人であった。この退役軍人はその後事務員をしたりしていたが、真犯人によって第一容疑者に仕立てあげられるのであり、彼のまわりには大掛かりな罠が仕掛けられていた。しかしながら、彼にたいする容疑がある種の「真実らしさ」をもっていたことを忘れてはならない。第一次大戦は無数の人間を殺しただけでなく、戦場から何とか生還した人びとにも、その精神にある種の狂いをもたらしたと思われていたし[3]、そうした精神の異常は犯罪に結びつきやすいと考えられていたからである[4]。

**図1** 死体のそばに置かれた「ABC鉄道案内」(クリスティー『ABC殺人事件』)

しかし、警察や探偵がその線で捜査を終結させてしまうには二重の困難があった。第一に、これほど惨い事件であっても、第一容疑者が患っている記憶喪失や精神異常では彼を死刑にすることはできないという事情があった。第二に、もっと重要なことだが、一連の殺人事件はある人物によって徹底的に計算され尽くした構造をもっているようにみえたのである。この事件は癲癇の発作のような一時的な麻痺によって引き起こされたものではなく、もっと執拗で、もっと冷酷な精神の「狂い」を示唆していた。犯人から挑戦状を受けたエルキュール・ポワロは、やがてそのような精神の歪みをもった人物を犯人として指差すことになる。

「戦争」との関連では第一容疑者に見られるような心身の具体的症状ということが問題になるだろう。第一次大戦の爪痕は帰国した兵士たちの心身に何とも無惨なかたちで残されたからである。しかし、もっと重要な問題は、むしろ日常は普通の顔をした真犯人がもっているような精神の微妙な逸脱や狂いのほうにある。日常にひそむ微妙な狂いが徐々に角度をひらいていくと、本物と変わらないような小さな戦争が顔を覗かせることになる。実際、この微妙な精神の狂いがなければ、「無差別に見えた連続殺人も結局は地位と財産の着服という明瞭な動機に還元される」ということで話は決着するだろう。しかし、それでは事件の断面を通じてわれわれの興奮を掠《かす》めた不安な奥行きは決して生まれなかったはずである。ここで考えてみたいのは、明瞭であるべき犯人の動機の空間を侵食しているこの不安の奥行きについてである。

この作品のテーマは「無差別で恣意的な殺人に見えたものも、結局はある動機とその同一性に回収できる」といってすませるほど単純なものではない。そのような誤解が起こるのは、事件の過程において、維持される動機とその主体の内的な変容にかんする洞察や分析を欠いているからである。ここで考えねばならないのは、この作品において、殺人の動機とその主体が何とも奇妙な空間を通過していることである。そこでは当初設定された動機が横滑りしながら膨張していくこと、その同一性が虚しく抽象化していくことなどを含め、動機（の主体）とその同一性を侵食していく空虚の内実について考えてみなければならない。

恐ろしい事件の数々に手を染めることによって、犯人は当初設定した実際的な動機とその同一性に回収することのできない過剰な債務を負担することになる。犯人はたしかに挑戦的であり、自己の動機の同一性にすべてを回収することに自信をもっている。だが、その動機は事件の多様な広がりとその恣意性を吸収するため、どんどん抽象的なものに変貌していく。動機の同一性のうちにはらまれていく過剰な殺人とそこに宿るノンセンスこそ、犯人を、そしてこの作品を真に個性的なものにしているのである。われわれはこの作品が書かれた時代の思考——マグリットやブルトンのシュルレアリスムだけでなく——に散乱しているノンセンスについて考えてみるべきだろう。

たしかに真犯人には、貴族である兄の地位や財産を着服するという「現実的な動機」があった。だが、彼はその動機を隠すために無差別殺人をくり返すのである。彼がそこで考えたのは自分の動機の固有性・人称性を消し去ることであった。その結果、一人を除き、残りの被害者はすべて無差別な恣意性のうちに殺される。彼の犯行は本来の目標以外にこうした過剰な部分を含んでいるのである。しかも、この過剰な部分をA、B、C、D……のどこで打ち止めにするかは内在的には未決定である。真犯人は、第一容疑者が自首するか逮捕されるといった外在的な出来事によってしか自分の犯行を切り上げるための目途をもてない。それも警察の洞察力や意思次第のことであって、犯行の終幕を自ら確定できるものではない。この点において、ABC形式の殺人は事件の過程に依存するある「不確定性」を内包している。

しかも、犯人はそこで一つの「不経済」に直面することになる。殺人の数を増やせば増やすほど、自分の犯行であるという痕跡を残す危険性が高まっていくからである。ここでは、ある行為の同一性を消し去るために行われる隠蔽の行為それ自体が、そこで隠蔽される行為と同じもの、つまり殺人になっている。殺人によって殺人を隠すわけであり、それがくり返されていく。この不気味な反復は犯人が演じているゲームの「賭金」を何倍にも積み増すことになる。ABC殺人はいかにも知的で巧妙な隠蔽の操作にみえるが、犯罪の経済学という視点からすれば、捜査対象となる素材を何倍にも増やすという点できわめて不経済な形式なのである。

通常の犯行であるなら、殺人はそれ以外の何かによって隠蔽される。ところが、ABC殺人の眼目は、殺人の外部にある状況の巧妙な操作、つまり外的なトリックに依存するのではなく、殺人が自己準拠的に自分を隠そうとしているところにある。ここでは殺人の森のなかに殺人が身を隠すのである。この「自己準拠的な殺人の形式」においては、殺人が殺人を呼ぶというかたちで自己増殖的なベクトルがはたらく。しかも、ｎ個の殺人のｎは内在的には不確定であり、外在的な制約がないかぎり、「そして誰もいなくなった」という状況まで殺人の可能性はひらかれたままである。またそれと相関して、犯人が負担する賭金はますます高くなっていく。

ＡＢＣ殺人の主体はこのような「不確定性」と「不経済性」という過剰な負担を自ら敢えて引き受けている。その主体は、通常の動機――殺人という緋色の連鎖を描きながら、同時にそれを超えた何か奇妙なことをしているのである。ここには何か意味論的な転倒がひそんでいる。

まず犯人の側から考えると、自己準拠的な殺人の森のなかでは特定の殺人だけが特権化することはできないという状況がある。そこでは付随的な殺人も含めて、どの殺人も他の殺人の影に隠れあっている。つまりＡＢＣ形式の殺人が暴かれるときは、共犯する一連の殺人が一挙に暴かれることになる。Ｃの殺人が本来の目標であり、それ以外は不確定で過剰な殺人であると言ってみても、ＡＢＣ殺人のなかではどの殺人も他のそれに依存しているのである。もちろん個々の殺人の意味や、状況や、周囲への影響はちがうだろう。だが、それらの人間学的な意味の差異にもかかわらず、殺人はたがいに循環する隠蔽の相互性のなかに従属しており、その意味で等価なものになっている。この互換性のなかに他ならぬ唯一の殺人を供するのでなければ、この犯罪は成立しない。そこではただ一つの必然性を、恣意的なものの互換性と同じ水準に置いてしまうという危うい「転倒」が必要なのである。

つぎに被害者の側から見ると、この転倒のなかで殺される人間はA、B、C、Dというように屈辱的なまでに抽象化されてしまう。ABC形式の殺人の特色はその無差別性と相関する抽象的な残酷さにある。だがそこでは、犯人の側も、自分がもたらす残酷さに見合うだけの「ノンセンス」を経験しなければならない。たとえば犯人の当初の動機はCにあり、A、B、D……は付随的な殺人であるとしよう。だが、Cの殺人を首尾よく成功させるには、A、B、D……の殺人は付随的どころか、Cの場合と同列の警戒心をもって遂行しなければならない。

しかもC殺しの動機は、A殺し、B殺し、D殺しの動機を包括するものとして抽象的に拡大していく。そして気がつけば、その動機はただ一人の殺人に対応するはずのものから不確定な「大量殺人」に対応するどこか異様なものに変容している。犯人は当初ある合理性の内部で自分の動機を拡大していると思っている。だが、連続殺人のプロセスのなかでその異様なものをくり返し呑みこみ続けることを通じて、犯人がどこかで「異質なタイプ」の存在に変貌しているという横滑りのカタストロフィが生じる。地位と財産を着服するための手段である殺人が自己目的化し、自己増殖し、その結果、犯人は当初の動機や現在の意識とは別に、大量殺人に志向するタイプの「不気味な主体」に変容しているのである。

重要なのは、犯行の動機と主体の同一性にかんするこの微妙な「横滑りの変化」である。犯人にとっては計画の完遂のために付随的で過剰な部分が、いつのまにか彼が実際に処理しなければならない本質的な問題となるのである。動機はその表面的な形式において単一であるように見えても、それが覆うべき内容は緊張や葛藤を含みながら徐々に膨らんでいく。「形式化」とは、この場合、単一の動機がそのように雑多で過剰な内容に対応する「抽象的なもの」に変容していくことである。犯人が抱いた動機の空間は、それ自身の内部にこの種の虚しい過剰を次々に呑みこむ必要があり、そのために異様に膨らんでいるのである。

やがて動機の空間に起こっているこの虚しい膨張が拡大し、いつのまにか動機の空間そのものを呑みこんでいくようになる。この作品が狙っている効果は、殺人の無差別的な恣意性がある冷酷な動機の同一性に回収されるという定式の裏面で、むしろその動機の空間がある空虚な膨張を引き起こしており、不気味なノンセンスの次元に吸収されていくことにある。

たしかにポワロが真犯人を突き止めたとき、事件を覆うノンセンスは実際的な動機に還元されるだろう。ポワロが犯人の挑戦状の異様さに触れて次のように述べ、犯人と激しく応酬しあう場面はそう読める。

「……私（ポワロ）はよく考えてみようともしないで、手紙におかしなところがあるのは、きっと書いた人間が、気ちがいだからと思いこんでいたのです。が、一枚はいで考えてみますと──それらの手紙のおかしいのは、逆に正気の人間によって書かれたからだったのです！」

「なんだって？」私（ヘイスティングズ）は叫んだ。

「しかし、そのとおりなのだ――まさにそのとおりだったのです！　それはある絵がおかしいのと同じようにおかしい――つまりいかさまだったからなのだ！　この手紙は気ちがいの――殺人狂の手紙のように見せかけてはある。が、実際はそんなものではありません」

「それでは意味をなさないじゃないですか」クラークがくり返して言った。

「いや《メ・シ》、意味をなすのです！　れっきとした理由があるのです――考えてみましょう。いったい、なんの目的で、こうした手紙を書くのか？　差出人に注目をあつめ、殺人に注意をひきつけるためなのです！　実際の話《アン・ヴェリテ》、ちょっと考えただけでは、全然なんの意味もなさそうでした。が、私（ポワロ）は光明を見出しました。それはいくつかの殺人――一連の殺人に注意をひきつけんがためなのです……お国の偉大なシェークスピアもいっているではありませんか〝森を見て木を見ず〟とね？」（括弧内引用者）[5]

こうしてポワロは事件を覆う狂気を「正気」――実際的な一つの動機――に還元する。それゆえ「最後に種を明かされるとおよそたわいのないトリックだが」というような感想も出てくるわけである。[6] だがそれでは、最後に種が明かされるまで、なぜこの話は読者を引っ張ることができたのだろうか。それはポワロが突き止めた「正気」が異様な奥行きと味わいをもっているからである。犯人はたしかに単純な殺人狂ではない。実をいうと、殺人狂のほうがよっぽど単純でたわいのない話なのである。だが、だからといってこの犯人が単純に正気であるというわけでもない。読者の興味をひきつける核心は、犯人の正気がそのままかくも異様な殺人を続けること、正気がそのまま狂っていることにある。ノンセンスとはただたんに「意味をなさない」ことではなく、正気がなかば狂っていることなのである。

ここでは正気、つまり動機の同一性が形式的に保持されるようにみえても、その本質的な意味は不可逆的なかたちで腐食し、変貌している。殺人の行為は、当初の動機を一つのアリバイないし入り口にしながら、むしろある規則性をもって残酷な殺人をくり返すことそれ自体に重心を移動させていくからである。ＡＢＣ殺人は、一方である合理的な動機による殺人であるが、他方では右に述べたような意味でノンセンスな殺人であり、しかもそのノンセンスがどんどん膨らんでいく。犯人はどこかで正気と合理性の場からノンセンスにいたる見えない溝を越えてしまう。そこでは正気が次々とノンセンスを呑みこみながら、そのノンセンスに吸収されていくのである。

## 二　義眼のなかの動機

ＡＢＣ形式の事件に謎めいた奥行きを与えている逸脱や狂いは動機の横滑りからやってくる。犯人は地位や財産を狙って事をはじめたが、同時に殺人で殺人を隠すというノンセンスな残酷さを試みていたのである。そのノンセンスは犯人の動機の成立平面に生じた不気味な綻びである。犯人は、その綻びが取り返しのつかないほどリアルなものであり、何とかそれを繕わねばならない「空隙」のように振る舞っている。彼はそのリアルなものの現前を食い止めるように、その空隙に次々と死体を補塡していく。しかも強迫神経症のように自分の行動の儀式的な規則性や順序——Aの町のA、Bの町のB、Cの町のC、Dの町のDというふうに順序立って、しかも無差別に殺していくこと——に固執しながら、そうしているのである。

ABC殺人のような事件が構想される背後には、不気味な綻びをはらんだ異様な時代が横たわっている。時代にそのような狂いをもたらした重要な契機として、資本主義の多形的な力とその暗い断面を象徴する「戦争」が存在するが、それは一体どのようなものだったのだろうか。おそらく第一次大戦はそう思われているよりももっと異常な戦争だったことはたしかである。その戦争が近代性のもとに理解されていた精神の地層に不可逆的な変化を与えたとは誰もが思うことだろう。(7) しかし重要なのは、それがただたんに一つの戦争ではなかったことにある。その異常な戦争はまったく違ったかたちで反復されるからである。それは第二次大戦、東西冷戦と続く、二十世紀の巨大な死の経験のはじまりを告げる弔鐘であり、世紀末の冷戦の終結によってようやく一つの区切りを迎える怖ろしい力——二十世紀の資本主義——の最初の巨大な影でもあった。

戦争がもたらしたものは激しい近代戦における無差別で夥しい死であった。それらの死にはほとんど個人的な動機が欠けている。この意味で犠牲者が葬られた墓のなかには救いがたい空虚が漂っている。それは資本とそのテクノロジーが人間の運命に落とす抽象的な影でもあるが、ネーションの幻覚はその空虚をある種の感情に染めあげる。無名戦士の墓はまさにそのようにして空虚を納めた箱なのだろう。ベネディクト・アンダーソンがいうように、国民国家という政治的な想像力の形式がこの空虚な箱を占有し、顕彰するわけだが、そのような意味付与によって戦争の死にかかわる無惨なノンセンスが払拭されるわけではない(8)。そのノンセンスは栄誉ある国民というイメージの下で、何者にも結像することのない空虚として沈黙している。墓のなかにはいつまでも拭いえないノンセンスが漂っているのである。

だが、死者だけではない。生きている人びとの存在もどこかでこの空虚な死に縁取られている。それが二十世紀という経験の本質でもあるかのようにである。もちろん、生きることを試みるのが人間であり、それは不吉な戦争との、そして得体の知れない怪物との果敢な闘いであったかもしれない。だがそれでも、この異常な戦争は何の傷も受けずにくぐり抜けられるほど甘いものではなかった。それはある「深さ」において——あるいは「深さ」というものを喪失させるほどに——人間の生の様態を狂わせるような侵襲作用をもっていたのではないだろうか。たんなる破壊や損失ではなく、人の心というより、その存在に狂いを

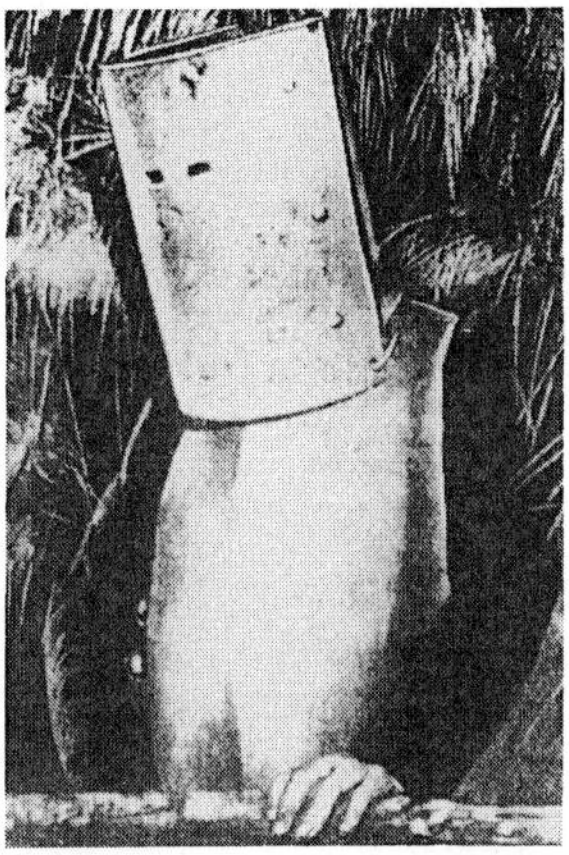

**図2** 第1次大戦で鎧を着けて歩哨に立つ兵士（タイムズ・ニューズペーパー・リミテッド）

生じさせること、あるいは人間の相貌に異邦の奥行きを与えることが、その戦争の実相であったかのようにである。

その異常な戦争は、探偵小説という「時代の小さな肖像」にも大きなねじれと断層を残した。第一次大戦のあと、探偵小説も決定的な変化をこうむるのである。それまでの探偵小説の多くはポーとドイルという二つの方法の枠内において理解されるだろう。探偵小説とは世界の謎めいた深さを探求する言説であるとすれば、そこにはポーとドイルに代表される二つの際立った方法がある。深さのゲームが否応なく進行するなかで、探偵デュパンは世界に存在する事物の表面に注目することによって謎を解き、探偵ホームズは世界をその隠された深さへと回付することによって事件の意味を解明したのである。(9) そこで探偵小説は、世界が持ちうる「深さ」との関係で一つのゲームとして成り立っていた。だが、異常な戦争はこの「深さ」を何か未知のものに変えていく。

第一次大戦のあと、新しい探偵小説は世界に生じた微妙な狂いを表象し、その狂いがつくりだした空間から語りはじめる。たとえばイーデン・フィルポッツの『赤毛のレドメイン家』(一九二二)には、美貌のペンディーン夫人が、容疑をかけられたまま失踪している叔父のロバート・レドメインについて次のように話す場面がある。

休戦になる何週間かまえに、毒ガスにやられたので、しばらく入院していたとか、そして、そのまえにも戦闘神経症《シェル・ショック》を患って、二月ほど戦列を離れていたこともあるそうです。本人はそれを、なんでもないことのように話していましたが、わたしの受けた感じでは、むかしとかなりちがった人間になっているようで、戦闘神経症の影響は、相当ひどいものがあったように思われます。……大戦の経験が、いっそうその傾向をつよめたことはたしかでした。愛想よく話したり、機嫌のよい顔を見せてはいますが、その神経は、張りつめすぎるくらい張りつめて、いつその理性にくるいが生じるか、まるで信頼がおけない状態です(10)。

ここでペンディーン夫人は、哀れな叔父に殺人の容疑を着せようとして刑事にこんな話をしているのである。その話のやりとりは大戦のシェル・ショックが叔父の神経を狂わせたという「常識」を前提にしている。だが、実をいうと、戦争による人間の狂いは彼女自身とその愛する夫のほうにこそ芽吹いていた。彼女の夫は兵役を免れ、銃後で働いた人間の一人だが、戦争は実際の戦闘に参加しなかった人間のうちにも恐ろしい狂いを生みだしていたのである。

この事件では、犯人である男はまずロバート・レドメインを殺害すると同時に、そのロバートが自分を殺して逃亡したかのような偽装工作を行う。当然、この男の死体は見つからないままである。また、ロバートも殺人のあと逃亡したということになり、人びとの前から姿を消すことになる。しかし、実際にはロバートは殺されており、犯人である男は生きている。その男はまったく別の人物に成りすますとともに、時おり、姿を消したことになっているロバートに扮装して、ロバートをさらに新しい殺人事件の容疑者に仕立て上げていくのである。

だが、探偵ピーター・ガンズが登場し、犯人である男の過去を捜査することによって事件解明の糸口をつかむ。世界は過去という「深さ」をもち、そこに秘密を隠している。それゆえ探偵は、あのホームズと同じ手法、つまり容疑者の出生とその人物の同一性にかんする捜査によって一つの答を得るのである。探偵ガンズは「緋色の研究」にしたがって、過去を消し去った人物に過去を復元したといえよう。しかし、作者からすれば、その十九世紀的な捜査は本質的な点において不満足なものだった。それは探偵の捜査がこの事件の真の動機を確定しないからである。その捜査では遺産相続という名目上の動機にしか到達しない。それゆえ最後の章に、犯人の告白が用意され、本人の遺書というかたちで事件の動機について弁証が行われる。

犯人の動機について作者は探偵とは別の観念をもっていたのである。それは探偵とその手法が半ばは「敗れ去った」ということである。犯人はその告白のなかで自信たっぷりに「勝負は引き分けだ」と書き記している。死刑の宣告を受けたあと、彼は自分の犯罪の必然性を次のように述べ立てている。

聞け、なんじ、法官たち！　ここにあるは、ひとつの狂気、そは、行為の前に存在す。ああ！この魂の深奥を、なにがゆえにさぐらざる！　血に飢えし法官はいう、《犯人を殺人の罪に追いやりしはなにか？　いわく、財への欲望なり》されど、われは告げん。魂の欲せしは血、財にはあらず。刃の幸福に飢え渇きしがゆえと！(11)

探偵と法廷は犯行の動機を「財への欲望」に求めたが、犯人自身はそれが「一つの狂気」であり、彼の魂が血を欲したのだと叫んでいる。そして、この狂気を目覚めさせたのはあの戦争にあったというのである。

犯人の告白によれば、彼の心のなかの狂気を解き放ったのは、兵役逃れをしていることにたいするレドメイン家の兄弟たちによる容赦ない屈辱がきっかけだった。だが、彼はある種のニーチェ主義者であり、その「異様な誇り」のため、かつて人を平然と殺したことのある人間だった。また犯人は、国家間の争いなどに、腐肉のように自分の身を捧げる人間でもなかった。しかし、レドメイン家をはじめとする「愚昧な愛国主義者」たちは彼を臆病者、裏切り者と罵り、すさまじい屈辱を与えた。戦争のあいだ、彼とその美しい妻は彼らによる屈辱を黙って耐えていた。

しかし、その代わり、それまで胸に眠っていたわたしたちの心のあらしは、彼らのために呼びさまされることになった。わたしたちの電光が閃くのは、すでに時間の問題であったのだ。(12)

犯人によれば、大戦が起き、それに付随して事件は起きたのである。彼はこの戦争にたいする自分の考えを次のように書き残している。

わたしはずっと以前から、戦争が不可避であるのを知っていた。事実わたしは、その危険を帝国に警告したために、痛いところをつかれた支配階級のめくらどもから嘲られていた少数の人士といっしょに、演壇にのぼったことさえあった。しかし、やくざな外交官どもを救おうとして、かけがえのない命を投げだすとか、イギリス政府と称する近視眼的偽善者団体のために、言語に絶した苦しみをなめ、窮極はわが身を亡ぼすにいたるなど、そのような愚劣な行為に我慢する気持はなかった——否である！　考えられもせぬことだ！　幾千という知性のある男たちとおなじに、わたしもまた、心臓の薬を利用して、兵役を免れた。怪我ひとつせずに国内にとどまり、無名戦士の墓にはいる代わりに、イギリス帝国の勲章を授かった。この程度の工作は、わたしの優秀な頭脳をもってすれば、子供だましのようなものであった。(13)

犯人が主張しているのは強者の論理による正当化だが、その論理の暴走を食い止めるほど国民国家の主張する正義が正しいかというと、それもまた疑問なのである。現実にこうした兵役逃れがたくさんあり、「無名戦士の墓」に入る代わりに、勲章をもらった人間も少なくなかったのだろう。

しかしながら犯人のいうように、大戦が無差別殺人によって「無名戦士の墓」をつくるものであること、また「言語に絶した苦しみ」と「愚劣な行為」を強いるノンセンスであるということは間違っていない(14)。問題は、この誇り高く激情的な犯人が、彼の批判する国家の暴力とそのノンセンスを内面化し、自分自身もそうした暴力とノンセンスの主体に転化することにある。

最後に探偵ガンズは、この犯人をとらえていた冷たい精神の狂いを戦慄の思いで確認させられることになる。それは犯人の遺品として彼のもとに送られてきた小包を解いたときのことだった。小包から取り出されたのは、犯人がひそかに使用していた、暗褐色に染まるガラス製の義眼であった。その黒味が勝った義眼は精巧をきわめ、実物そっくりの出来栄えだったが、探偵には、それこそ犯人の表情に異様な感じを与えていたもののように思われた。犯人はその義眼のなかに青酸カリの小さなカプセルを隠しており、処刑の前夜にそれを飲んで自殺した。送られてきた小さな眼球は、一瞬、生きた人間の目そのままに、探偵の顔を凝視したようにみえたという。

犯人が片目を失ったのは少年時代に遭った自動車事故のせいである。しかし、あの異常な戦争も幾万の負傷者に人工の義眼や、義肢や、仮面などを与えることになった。それらの部品は人間の機能を補完してくれるものだが、同時に人間の存在から何かが無意味に差し引かれていったという欠如の象徴でもある。それはノンセンスでかつ残酷な欠如の象徴である。他方、犯人のなかでは精神、つまり動機がそうした欠如を帯びていた。その男は人間的な動機が宿るための深さを差し引かれており、その空隙に冷たい光芒を放つ「義眼」のような動機を嵌めこんでいたのである。

動機が宿るべき「深さ」を喪失した人間が、人工的な動機を手に入れ、そこに補塡した。それは模像――義眼のような動機だったが、それを埋めこむことによって一見人間的な深さが回復したかのようにみえる。その男も自分を取り戻したかのように「魂が血を欲する」のだという。だが実際には、その深さは人間的なものとは何か別の相貌をしていた。そこに補塡されているのは、むしろ人間的な動機が欠如していることの不気味さを暗示し、象徴する義眼のような動機だったからである。犯人の激しい弁証にもかかわらず、その深さには人間的な実質はない。そこにあるのは一つの狂気あるいは空虚な動機であり、そこで何人もの人間が殺されるような空虚な深さであった。

作者はここで「緋色の研究」に則って事件を構成しながら、同時にもはや「緋色の研究」によっては確定できない狂気ないしノンセンスを導入している。戦争の残酷さに通底するようなノンセンスが動機の空間に入りこんでいるのである。ホームズによる「緋色の研究」はある意味で近代的な探偵小説の確立を刻印するものだったが、ここではすでに「緋色の研究」に収斂できないもの、統合不可能なもの、つまり何かノンセンスなものが発生しており、人間的な深さは空虚な深さに変貌していたのである。『赤毛のレドメイン家』の犯人は自分の動機を「血への飢え」にあると説明するが、それは動機の致命的な欠如を代補するものにすぎない。残された義眼は、この時代に、動機の空間が何か埋め尽くせない空虚に向かって不気味にひらかれていることを暗示しているのである。

## 三　童謡殺人

「ABC殺人」は、ある順序にしたがって殺人が起こることを予告している。犯人にとっては、予告された順序とその必然性を示すことが重要であり、個々の殺人はこの必然性に従うかたちで行われねばならない。この意味では「童謡殺人」はABC殺人と同じ系列に属している。ただ、ABC殺人は被害者をまったく無差別の状態に置くのに対して、童謡殺人は童謡のなかで歌われているように「殺される人物」や「殺され方」まで特定している。童謡殺人の被害者は、たとえば「クックク・ロビン」に擬せられる人物であったり、[15] あるいはインディアンの少年のように「喉をつまらせ」て殺されるのである。[16]

ABC殺人はいうならば童謡殺人のもっとも抽象的な形態である。だが、いずれにしても、犯人は犯行を重ねていくうちに本来の動機から徐々に逸走していく。そして、この逸走は本質的なものである。童謡はいつしか「呪文」に変わり、犯人自身もその呪文にかけられたように、どこか逸脱した次元に呑みこまれていく。殺人はいつのまにか芸術作品を完成するような「病的な任務」となる。犯行は童謡に歌われている内容どおりに実行されねばならない。童謡殺人の犯人にとっては、もともとの動機よりも、その殺人形式の十全な実現のほうが課題として優越してくる。意識された動機は「殺人の形式」に吸収されていき、この形式への固執という事実にメタ・レヴェルの動機が誰のものとも知れない顔を覗かせるのである。

実際、童謡殺人の場合、たんに一人の人間を殺すことが目的ではない。それはしばしば大量殺人の形態をとる。また犯人の動機は個々の殺人に封じこめられているのではない。複数の殺人のあいだに一定の連関や規則性をつくりだすことに動機が横滑りしていくからである。しかもその連関は、①恣意的にして、②必然的なものである。一連の殺人が恣意的であるというのは、たまたま童謡のなかにそれらの殺人の暗示となることが歌われているという、それだけの理由しかないからである。しかも、この恣意性は犯人のなかで必然性に置き換えられる。いったんその童謡が指定している以上、それに見合った人物やかたちで殺人が実行されねばならないからである。それゆえ「ノンセンスが同時に必然性である」こと、それが童謡殺人のテーマである。

だが、「ノンセンスが必然性である」ような世界とは何だろうか。探偵小説は推理によって「謎」を解き明かすが、それは明晰な論理と客観的な証拠の提示を必要としている。しかし、童謡殺人とは「ノンセンスを必然性に転化するゲーム」である。そこでは無邪気にみえる「童謡」がいつのまにか運命を予兆する「呪文」となる。犯人も含めて、誰もこの「呪文」に逆らえないのである。しかし、童謡そのものは個々の殺人と何の関連ももっていない。それは殺人事件にたいして関与的ではなく、その意味で「無意味な言葉」である。だがその無意味な言葉は、それが語るとおりに実行されることによって恐ろしい「呪文」となる。童謡殺人の論理は自己成就的で、呪術的な論理に属しているのである。

童謡殺人の本質的な形式はノンセンスを必然性に転化するゲームにある。だとすると、そこで「ノンセンスな呪文」となるものは、必ずしも「童謡」に限定する必要はない。何らかの記号や文章、歌謡、シナリオがあり、それにしたがって連続殺人が行われるならば、それらの記号やシナリオもノンセンスな呪文となりうるからである。童謡や、数え唄だけでなく、ABCというアルファベットの無味乾燥な順序、ダンテの『神曲』が触れているカトリックの七つの大罪[17]、祖父が書き遺した探偵小説の筋書きなども[18]、もし、それにしたがって連続殺人が実行されたならば、それらは不吉な「呪文」となりうるのであり、形式的には童謡殺人のジャンルに属していることになる。

有名な「童謡殺人」の例としては、一九二〇年代にヴァン・ダインの『僧正殺人事件』(一九二九)があり、その重要なモチーフはハリントン・ヘキスト(イーデン・フィルポッツ)の『誰が駒鳥を殺したのか？』(一九二四)に求められよう。三〇年代には、アガサ・クリスティーの『そして誰もいなくなった』(一九三九)が書かれている。ただし、童謡殺人の形式を広くとれば、右に述べたように、エラリー・クイーンの『Yの悲劇』(一九三二)や、クリスティーの『ABC殺人事件』(一九三五)もそのヴァリアントと考えることができる。これらの童謡殺人では、犯人の正気(動機)を徹底していくとき、それがそのまま狂気(空虚な動機)に移行するところに独特のリアリティがある。それはこの間戦期の作品群において完成を見たといえるだろう。

だが、一九四〇年代になると、童謡殺人は中途半端な技巧に落ちこんでいく。それは必ずしも殺人の順序やその形態の厳密な必然性にこだわるものではなくなる。そこで引用される「童謡」のたぐいは、むしろ作品全体の流れやそこに起こる事件、あるいは探偵の推理における一つのモティーフや暗示にとどまる傾向がある。たとえばクリスティーの『愛国殺人』(一九四〇)、『NかMか』(一九四一)、『五匹の小豚』(一九四三)、『三匹のめくらのねずみ』(一九四七、戯曲)、『ねじれた家』(一九四九)や、エリザベス・フェラーズの『私が見たと蠅は云う』(一九四五)などがそうである。だが他方では、クイーンの『生者と死者と』(『靴に棲む老婆』一九四三)のように、先述したような童謡殺人の形式性へ志向する作品も見られる。

この時代のクリスティーの作品は、「童謡」のイメージを物語の下敷きにはするが、童謡による「動機の形式化」は不徹底なものになっている。童謡によるノンセンスの支配は中途半端なものであり、動機がノンセンスの輪をくぐり抜けるという不安な要素も希薄で表面的なものになっている。作品はむしろ個人の私生活や過去の探求という「緋色の研究」に回帰する傾向が強い。童謡による動機の形式化は、そこに救いがたい狂気(空虚)を露呈するのではなく、むしろ巧妙に隠蔽された犯人の私生活や過去という深さ(実質)の解釈によって補塡される。この時代の作品では、犯人の正気も狂気もともに中途半端なままにとどまり、凡庸な深さのゲームに終っているといえよう。

一九五〇年代になると、クリスティーも、犯人の正気と狂気が再び冷酷な螺旋を描いてたがいを呑みこむような本格的な童謡殺人の作品を書いている。『ポケットにライ麦を』(一九五三)では、犯人の正気が自ら残忍な狂気の輪をつくって、くぐり抜けていくときの不安な経験が顔を覗かせる。もちろん『ヒッコリー・ロードの殺人』（一九五五）のように、童謡の関与があからさまではなく、ただ暗示的に用いられる作品もある。他方、クイーンの『ダブル・ダブル』（一九五〇）は無邪気な童謡によって殺される者とその順序を指定する童謡殺人の形式をもっている。また、わが国の作家による童謡殺人にも傑作が見いだされる。たとえば横溝正史の『獄門島』（一九四八）や『悪魔の手毬唄』（一九五九）は、童謡殺人の狂気を描くと同時に、日本社会の習俗と敗戦直後の時代を踏まえたという意味でリアルな作品となっている。

童謡や、小説の筋書き、あるいはもっと抽象的にアルファベットの順に合わせて連続殺人を実行するとすれば、それは「狂人の仕業」ということになるだろう。しかし、こうした事件が構想されるのは、動機の空間にあるべき人間的な「深さ」がどこかで知覚のリアルな対象としてゆらぎはじめ、動機の空間に何か言いがたいノンセンスが浸透していることを暗示している。もちろん、これらの事件ではいつも、残酷なノンセンスの裏面に、そうした狂気の仮面を利用する狡猾な犯人が存在するようにも描かれている。つまり「隠された動機」があり、それを暴くことが探偵の役割とされるのである。これは一見「緋色の研究」への回帰のようにみえる。しかしよく読めば、必ずしもそうではないことがわかってくる。

『ポケットにライ麦を』（クリスティー）、『僧正殺人事件』（ヴァン・ダイン）、『生者と死者と』（クイー

**図3**　B. ラスボーンの演じる探偵ファイロ・ヴァンス(中央)(ヴァン・ダイン『僧正殺人事件』)

ン)という「童謡殺人」の三つの代表的な作品について考えてみると、そこで真犯人はいずれも他の「誰か」に疑いがかかるようにしている。『僧正殺人事件』ではまさにその誰かを犯人に仕立て上げることが真犯人の本来の目的であったといえよう。[19]『生者と死者と』では狂気をはらんだ人物をその誰かとして利用する。そこで憎悪や悪意は平然とノンセンスの輪をくぐり抜けていく。[20]また『ポケットにライ麦を』では、犯人はその殺人劇をある人物の「復讐譚」に見せかけようとする。[21]作家はこういう偽装工作を通じて「緋色の研究」を維持しているが、重要なのは、それと交差するように犯人の動機と事件が残酷なノンセンスの輪をくぐり抜けていくことにある。

それらの作品はたしかに「緋色の研究」を偽装している。犯人は自分以外に、「緋色の研究」によってたどり着けるような人物(第一容疑者)を設定しているからである。また外観からいえば、犯人自身の当初の動機にも合理的なある種の実定性が見受けられる。つまり「緋色の研究」が全面的に手放されることはない。しかし、作家は「緋色の研究」を展開させながら、ノンセンスの輪を何重にも広げ、動機の空間に交差させていく。そこで犯行の重心は、当初の動機を一種の口実にしながら、ある種の規則性をもって殺人をくり返すことそれ自体に横滑りしていく。しかし、ノンセンスが一面的に支配しているというわけでもない。同一の事件でノンセンスと「緋色の研究」とが角度を変えて交替しあうのであり、「緋色の研究」の外観とノンセンスの輪という、たがいに異質なものがメビウスの帯のようにつながっているのである。

「グロテスクな呪文」が語られ、犯人は狂人の顔を装う。狂人の仮面という過剰な厚みがその顔に張りつくが、気がつけば、顔そのものに狂気の痕跡が刻印されている。それは本来の動機が解明されたとしても、なお残る、見えない刻印である。動機の解明はその刻印が空虚な形式にすぎないことを教えるが、その空虚の形象は顔のうえから消えることなく漂っている。探偵小説がこのような空虚の形式を受け入れるとき、「緋色の研究」という形式は屈折していく。世界戦争とともに二十世紀が抱えたノンセンスは、探偵小説という小さな窓にも、癒しがたい主題として入りこむのである。もちろん、ミス・マープルのように、探偵は深い憤りをもって事件の残忍な真相を解明する。だが、すべてが終ったあとにも、事件の残忍さは「緋色の研究」に回収しえないノンセンスの余韻を残して去らないのである。

『ポケットにライ麦を』という作品では、ある日の朝、投資信託会社の社長フォテスキュー氏が「執務室」で倒れる。朝食に用いたマーマレードに植物毒のタキシンを混入されていたのが原因であり、フォテスキュー氏は病院に運ばれるが死んでしまう。問題は、どういうわけか、死んでしまったフォテスキュー氏の上着の右のポケットに「ライ麦」の穀粒がいっぱい入っていたことである。このとき捜査に当たったヘイ巡査部長とニール警部は次のような会話を交わしている。

「ヘイ部長か？　ニールだ。フォテスキューは死ぬ前になんといった？　控えておいたか？」

「茶に毒が、っていいました。事務所で飲んだ紅茶のことでしょう。でも医者は、そうじゃないっていってますが……」

「それは判っておる。ほかに異常なことは？」

「何もありません。だが、ひとつ変なことがあります。彼の服なんですが――ポケットのなかを調べてみました。ハンカチ、鍵、小銭、紙入れ、――普通ポケットに入れておくものばかりでしたが、ひとつだけ、なんとも説明のつけようのない、奇妙なものが出てきました。上着の右のポケットに穀粒がいっぱいはいっていたんです」[22]

フォテスキュー氏の死には「ひとつ変なこと」、つまり、ある「過剰なもの」が含まれていた。それはポケットいっぱいのライ麦である。ヘイ部長にはそれが「なんとも説明のつかない、奇妙なもの」であり、どこか「気狂いじみて」みえたのである。

だが、事件はさらに進展する。フォテスキュー氏は二年前に再婚していたが、その氏より三十歳も年下のなまめかしい「夫人」が自宅の客間で殺されたのである。夫人は若い男とも交際があり、当初フォテスキュー殺しに動機のある人物と考えられていた。殺されたとき、夫人は紅茶を飲んでいて、食べかけのマッフィンに「蜂蜜」が塗られたままだった。紅茶に青酸カリが入れられていた。同じころ、フォテスキュー家の「小間使の娘」であるグラッディスがいなくなっていた。彼女はアデノイドがあり、顔はにきびだらけで、知能の発達が遅いが、恋に憧れもする年頃の娘だった。そんな彼女が発見されたのは洗濯物干場だった。惨いことに、その娘は靴下で喉を絞められて殺され、その「鼻」を洗濯挟みでつままれていたのである。

グラッディスとの縁で、ミス・マープルが登場することになる。マープルの見立てによれば、この事件はマザー・グースの子守唄の筋書きと非常によく似ている。彼女が奇妙な節をつけてニール警部に歌ってみせたのは次のような唄だった。

ポケットに　ライ麦を
詰めて歌うは　街の唄
つぐみを二十四　パイに焼き
切って差出しゃ　鳴きいだす
お城料理の　すばらしさ

王様お庫で　宝をかぞえ
女王は広間で　パンに蜂蜜《みつ》
若い腰元　庭へ出て
乾しに並べた　お召もの
そこへ小鳥が　飛んできて
可愛いお鼻を　突っついた(23)

マープルによれば、殺されたのはレックス・フォテスキューだが、レックスとは「王様」のことで、彼はお庫にあたる会社の執務室で殺された。フォテスキュー夫人は「女王」の立場にあり、彼女が殺されたのは広間でパンに蜜をつけていたときである。小間使の娘のグラッディスは「若い腰元」で、殺された彼女の鼻が洗濯バサミでつまんであったのも、この子守唄に合わせているのである。またこの事件の前には、フォテスキュー家で、焼いたパイの中身を取り出して、代わりにつぐみの死骸が入れてあるなど、「つぐみ《ブラック・バード》」にまつわる悪戯がくり返されていた。

マープルの考えでは子守唄に出てくる「つぐみ」を調べてみる必要があった。この事件には唄と同じように「つぐみ」にまつわる人物が登場しているというのである。事件に登場する主要な人物の系列と童謡に登場するそれとのあいだには全体として平行関係がある。

事件——フォテスキュー氏／フォテスキュー夫人／グラッディス／犯人

童謡――王様／女王／若い腰元／つぐみ

事件に登場する人物のうち三人は殺された側にいる。あとに残る人物は殺す側にいる人間、つまり犯人である。ここでもし「事件」の系列と「童謡」の系列とのあいだに平行関係があるとすれば、犯人は「つぐみ」であるということになる。

ニール警部は考える、「つぐみ」とは一体何のことなのか。

それにしても厄介なことになったものだ、つぐみなんてとんでもないものが飛びだしてきたばかりに、いままで正気の犯人を追っかけて、物欲とか色欲とか、そういった欲にからんだ動機を探しまわっていたものが、狂気じみた幻想の世界にまで足を踏み入れなくては、解決できぬという羽目になってしまったのだ。[24]

やがて「つぐみ」にまつわる話が明らかにされる。それは遠い昔にフォテスキュー氏が関係していたアフリカの鉱山の名前で、その鉱山の経営をめぐってフォテスキュー氏はある人物の恨みを買うことになったのである。だが長い時を隔てて、その人物の子供が名前を変え、フォテスキュー氏の家に入りこんでいたらどうか。ここで一連の殺人事件はつぐみ鉱山にまつわる過去の事件の怨恨に端を発した「復讐劇」として展開しているという構図が描かれることになる。マザー・グースの子守唄に見立てた連続殺人は、じつは「つぐみ」の復讐心の根深さを物語っているようにみえるのである。

だが、事件はこのような「緋色の研究」で解決するにはもう少し複雑な構図をもっていた。というのは、この怨恨劇を知っており、怨恨の主体（「つぐみ」にまつわる者）に殺人の容疑が向けられるよう、マザー・グースの子守唄を思わせぶりに用いた別の人物がいたからである。それこそ本当の犯人であり、その人物の動機は「莫大な財産」の相続にあった。つまりその欲深い動機が、別の人物（つぐみ）の別の動機（怨恨）の影に隠れようとしたのである。そのために真犯人は「説明のつかないもの」、「気狂いじみて」いるもの、つまり残忍なノンセンスの輪をこしらえ、自らその輪をくぐり抜けていったのである。

逮捕される前に、犯人は何も知らない妻と会話を交わしているが、それはこの事件の底に横たわるものをよく語っているのではないだろうか。

「そうね。あの毒殺犯人のことを考えると、ぞっとするわね。きっと、そのひとは復讐心の強い、怖ろしい人ですわ」

「そう見るかね。ぼくはちがうな。もっと打算的で、冷血なやつだと思う」

「そうも考えられますわね。でも、どっちにしても同じことよ。三人も人を殺して……どっちにしても、あれは狂人よ」

「そうだとも」と、ランスは呟くように、「ぼくにも、狂人としか思えない」それから急に、堰の水が切れたようにしゃべりだした。(25)

ここで犯人が前言を翻して、つぶやくようにいった言葉は必ずしも嘘ではない。ある正気のもとに発した試みが消すことのできない狂気の兆候を犯人の正気に刻印していくからである。この狂気は最初から彼が狂っていたということではない。彼の正気が残酷なノンセンスをくぐり抜けるたびに正気が狂気に裏がえっていくのである。

ここには童謡殺人の犯人が陥る「罠」のようなものがある。『ダブル・ダブル』(一九五〇)という童謡殺人のなかでも、犯罪研究家のエラリー・クイーンは、犯人に愛された女性に向かって次のように述べている。

そして、もし殺人罪というものが、鉛筆で書いたしるしのように消し去ることができるものならば、ケンはきみを発見することによって、彼自身を発見できたかも知れないのだ。しかし殺人罪は拭い去ることはできない。そしてケンは、ほかのものを発見してしまったのだ。殺人犯というものは、ある点を過ぎてしまうと、自分で事件を支配することが出来なくなり、逆に事件が彼を支配するようになってしまう。(26)

ここで言われていることは、童謡殺人のように大量の恣意的な殺人を含む形式においてもっとも顕著なかたちで現れる。そこでは利益を求めていたはずの正気はどこかで狂気に転移している。犯人がそこで発見するのは自分自身(の正気)ではなく、なにか「ほかのもの」である。それはもはや自分で支配することができない事件と、その事件のもつ異様な奥行きのなかに閉じこめられている自分自身の正気である。童謡殺人という形式はこうした動機(正気)の転移を下地にしながら事件の図像を組み立てているのである。

『ポケットにライ麦を』では、ミス・マープルの仕事は、事件を覆う「童謡」への奇妙な符合――そこに生みだされる「説明のつかないもの」、「気狂いじみて」いるものを、ひとつの「正気」に還元することにある。それは狂気にみえるものを正気に、動機の不在を確かな動機に還元することである。マープルはいう、犯人は「むろん正気で、頭脳《あたま》はよいけど、身持ちがわるい――動機は金銭、それも莫大な財産です」と。(27) だがこの正気は、童謡が定めるノンセンスな殺人の輪をこしらえることに熱中し、そのノンセンスの輪をくぐり抜けていかねばならない。その意味で、犯人がその妻につぶやくように答えた「ぼくにも、狂人としか思えない」という言葉は、自分の合理的な演出が呼び寄せたノンセンスが、その合理性を全体として蝕み、宙吊りにしていることへの不安な意識の様相を帯びている。

同じようにマザー・グースの童謡を用いた『生者と死者と』(『靴に棲む老婆』一九四三)でも、事件の過程を覆う狂気を正気に還元することが探偵の重要な仕事になる。事件にかんする捜査は正気と狂気のあいだを揺れ動くのだが、エラリー・クイーンは、童謡の内容に沿って二人の人間が殺されたことについて次のように述べている。

> マザー・グースの犯罪は……あなたにはわかりませんか。犯人はこの二つの犯罪の精神異常性を、ひとに信じさせようと望んでいることが。陰険きわまる頭脳を持った人物が狂気の雰囲気をつくりだそうとしていること、あるいは、むしろ、すでに存在する狂気の雰囲気を利用して、真相を隠蔽しようとしていることが、あなたにはわからないのですか。そして、狂気によって隠蔽できるものはなにかというと、正気です(28)。

**表1　隠蔽の記号論的な構造**

| 『ポケットにライ麦を』 | 『生者と死者と』 |
|---|---|
| $\dfrac{\frac{S_1}{S_2}}{\frac{S_2}{S_3}}$ | $\dfrac{S_1}{S_3}$ |

$S_1$：狂気
$S_2$：怨恨
$S_3$：正気(利益の追求)

『生者と死者と』では犯人の正気(利益の追求)は狂気の影に隠れている。そこで狂気の兆候($S_1$)が意味しているものは「利益」($S_3$)ということになる。他方、『ポケットにライ麦を』でも犯人の正気は自分の利益の追求にあったが、その正気はまず別の人物が抱いた「怨恨」の影に隠れ、さらにその怨恨は「狂気」の影にわざと隠されるという二重構造をもっていた。そこでは狂気の兆候($S_1$)が意味するものは怨恨（$S_2$）であり、その怨恨の記号（$S_2$）が意味するものは利益（$S_3$）であるということになる。以上を図式化すると表1のようになる。

『ポケットにライ麦を』で正気を隠蔽している構造は、「圧縮」すると、『生者と死者と』のかたちになる。だが、問題はこの隠蔽の構造にある。探偵小説が密室やアリバイのトリックに熱中するだけでなく、動機を隠蔽することに熱中し、しかもその動機を狂気のうちに隠すのはどうしてなのか。考えられる理由は、一つには、動機＝正気と呼ばれるものが狂気のうちに隠しうるほど「確かさ」を失っていることである。二つには、エラリー・クイーンがいうように、動機＝正気を隠すような「狂気の雰囲気」がすでにある確かさを帯びてこの時代に存在していることである。いいかえれば、動機と動機の不在とのあいだ、あるいは正気と狂気との境界が不確かにみえるような文脈が存在することである。探偵の職能は狂気と思われるものを冷酷な正気に還元することだが、この還元が鮮かに見えるためには、狂気を思わせる出来事や記号が日常に蔓延していなければならない。こうした不安な日常が、おそらく探偵小説という作品の外部にあるとともに、その作品の思考にも浸透していると考えざるをえないのである。

## 四　都市の名づけえぬ顔

童謡殺人やＡＢＣ殺人が描く軌跡のなかで、「動機」の空間はその外観を収容するだけの虚しい空洞に変容していく。だが、その見返りとして、この時期の探偵小説は「巧妙なトリック」を中心とする本格物が高度な達成を見ることになる。そこには動機の形式化あるいは空洞化を巧妙なトリックで補塡するという構図がある。江戸川乱歩が指摘していたように、卓抜なトリックを実現させるためには、「動機」の必然性という問題はある程度括弧のなかに入れざるをえない[29]。さらにいえば、「童謡」に塗りこめられたノンセンスの影に動機が隠れるというのも、じつは事件を駆動している動機のリアリティや確かさへの疑問をかわすための手段になっている。

記号論的な痕跡の布置に巧妙なトリックを描きこむことを旨とする本格派の成功は、探偵小説のなかで「動機」が空虚な形式になっていくことと相関している。探偵小説は過去の神話的な想起の形式として、動機、つまり人間学的な深さの空間を掘り起こし、現前させるものであった。そして動機の探求が子どもの遊びのようにリアリティを欠いたものになるとき、その空隙を巧妙なトリックで補塡する作業が行われるようになる。だが、このトリックも陳腐化するわけで、やがてトリックは「動機そのものの操作」というかたちに帰着する。動機（正気）は動機の不在（ノンセンス＝狂気）とのたわむれに置かれるが、その結果、動機の存在か、不在かだけが問われ、動機自体の深い内実は問われずに終ってしまうのである。

ここでは事実上、動機は内容のない形式にまで抽象化されており、それに対応して犯行も大量殺人という形式をとるようになる。動機の人間学的な深さはなかば以上失効しており、古典的な流れを汲む英米系の本格探偵小説は一つの重要な曲がり角を迎えていたのである。この曲がり角の横合いを掠めるように、新しいスタイルを導入しようとしたのがハードボイルド探偵小説であった。ハワード・ヘイクラフトはアングロサクソン流の探偵小説が一九一八年から一九三〇年にかけての間戦期に「黄金時代」を迎えたと見ているが[30]、ハードボイルド探偵小説の担い手たちは、この種の探偵小説の黄金時代が同時にその閉塞状況を生みだしていることを見抜いていた。

ダシール・ハメットは自分が考える「新しい型の探偵小説」について次のように考えていた。すなわち、作者のあやつり人形のような人間を殺しても犯罪にはならないし、リアルな効果も生まれない。「殺人を構成するには、被害者は生身の、血の通った、現実の人間でなければならない」と[31]。この「生身の人間」という主題は、ハードボイルドの作品を貫く基本的なモティーフになったといっていいだろう。

そもそもアメリカのパルプ・マガジンの一つ、『ブラック・マスク』誌に、キャロル・ジョン・デイリーがハードボイルド風の行動的な主人公レイス・ウィリアムズを登場させたのは一九二三年のことだった[32]。同じ年の四カ月後、ダシール・ハメットも同誌に匿名の探偵(コンティネンタル・オプ)を主人公とする最初の短編を載せている[33]。それらの主人公は一種独特の非情さをもって行動し、世界の孤独な味わいを見知っていたといえよう。だが、ハードボイルドというスタイルが確立したといえるのは、世界の破局へ向けての変わり目である一九二九年に長編『血の収穫』や『デイン家の呪い』が発表され、さらにその翌年、探偵サム・スペイドが登場する『マルタの鷹』が出現するにいたってのことだろう。

一九四四年のエッセーで、レイモンド・チャンドラーは、A・A・ミルンの『赤い家の秘密』(一九二二)のほか、E・C・ベントリー、ドロシー・セイヤーズ、アガサ・クリスティー、ヴァン・ダインなど、探偵小説の「黄金時代」を飾る作家を取りあげ、彼らの作品がこの社会でありうべき当然の事実をじつに都合よく無視していると痛烈な批判を浴びせた(34)。とくにミルンの作品では「警察は間抜け同然であり、したがって生意気な素人探偵がいんちき臭い解決で世間を驚かすのも当然」だと酷評している。その作品にはアントニー・ギリンガムという、屈託のない、若い探偵が登場し、いかにも調子よく活躍をしてみせる。だが、チャンドラーは「イギリスの警察は例のいつもの冷静さで彼に我慢しているようだが、私の住む町の殺人担当課の連中だったらどう出るだろうかと考えるとゾッとする」というのだ(35)。

チャンドラーからすれば、彼の批判する探偵小説は社会的な現実との関連でどうしても「説得力に欠け」ている。それらの作品はありうべき「事実に基礎を置いていない」。たとえばミルンの作品は「検屍審問」や警察の捜査にかんするごく当り前の常識さえ踏まえていない。チャンドラーは、それらの作品にあふれているのは架空の事実であり、作家が直接の経験で知っているものではないと批判する。

だが、問題は作品が現実離れしていることだけにあるのではない。これらの作品をつくる作家の振る舞い、つまり彼らが動機の問題を空洞化して、細かいトリックにかまけている点についてもチャンドラーは苦言を呈している。

作家は、わざわざ細部を箇条書きにしてみようとしないものぐさな読者の裏をかくようなこみいった殺人計画には、警察も参るだろうと考えるが、警察は細部を扱うのが仕事なのである。机に足を投げ出している警官連中は、一番解決しやすい殺人事件は、誰かが非常にうまくやってのけようとした殺人事件であることなど先刻ご承知である。実際に厄介なのは、何者かが、うまくやってのけるほんの二分ばかり前に思いついた殺人なのである。が、この手の小説の作家が実際に起こるような殺人を書くとなれば、人が実際生きているような本物の人生の味を描かなければならなくなるのだが、それができないので、自分たちのしていることこそ、やらなければいけないことであるようなふりをするのである。(36)

チャンドラーの考えでは、探偵小説の作家がトリックに熱中して動機を抽象化し、形式化するのも、じつは彼らが「動機」の中身や味わい、つまり「人が実際生きているような本物の人生の味」を描く能力をもっていないからである。

この指摘はある意味でもっともだといえよう。だが、別の意味では不適切な面も含んでいる。というのは、チャンドラーはこの世界にありうべき動機の実定性を信じているからである。だが、戦争の世紀にはそうした動機の実定性が宙吊りにされ、「人生の味」が何とも空虚なものに抽象化されるような社会的現実がいくらでも存在している。動機の形式化という傾向は、たんに作家の無能力を映す鏡であるだけでなく、戦争の時代の不安な現実にも対応しているのである。チャンドラーの考える動機は、性愛や何百万ドルの金や、虚栄心のように、きわめてわかりやすいが、そのやるせない自明性はどこからくるのかをもう一度考えねばならないはずである。

　チャンドラーによれば、彼が批判する探偵小説とは対照的なのがダシール・ハメットの作品である。彼はハメットの手法について次のように述べている。

> ハメットはベニスふうの花瓶から殺人を引き出して、それを裏通りにころがしておいた。……ハメットは、ただ死体を提供するためではなく、理由があって殺人を犯す人びとの手に、それも装飾入りの決闘用ピストルやクラレや熱帯魚ででではなく、手近か〔ママ〕にある方法で殺す人びとの手に、殺人をとり戻してやった。ハメットは、こういった人びとをあるがままに紙に記し、彼らがしゃべったり考えたりする時に習慣的に用いる言葉でしゃべったり考えたりさせている。ハメットにも文体はあったが、そんな洗練味と縁がありそうに思われない言葉だったので、読者はそれと気づかなかった。[37]

チャンドラーが主張しているのは「探偵小説におけるリアリズム」の実現という命題である。それはある意味で探偵小説における動機の形式化とその閉塞状況にたいする批判や反発からきている。殺人事件をあつかう現実主義者が描くのは、法の網を隠れてくぐる連中があふれ、決して愉快ではないが、「実際に人が住んでおり、生きている世界」なのである。ロス・マクドナルドも確認しているように、それはハードボイルドのいわば公準になっている。(38)

こうした現実主義の公準をみたした世界で、チャンドラーの主人公が何をするのかといえば、「緋色の研究」のリアリズム版ということになる。描かれる世界はたしかにリアルな様相を見せるが、物語の結構としては「隠された真実を探り出そうとする」主人公の冒険となるのである。(39)

だが、リアリズムの追求は主人公の冒険に影響を及ぼさざるをえない。大都市がそのリアルな相貌のまま探偵小説の舞台に用いられるなら、「緋色の研究」は無限を内包した迷宮に入りこむことになる。そこで「緋色の研究」が遂行されるとしても、それは大きな剰余を残すことになる。古典的な探偵小説における探偵の捜査、つまり「緋色の研究」が成功するのは、捜査対象となる被疑者の世界が「死体」を中心に小さく閉じていたからである。「緋色の研究」が行われる舞台は——オリエント急行の列車のなかや、雪に閉ざされた山荘や、あるいは時刻表や童謡の世界のように——この世界の現実から有限の小さく閉じた領域を抽象することによって成立していたのである。

ロス・マクドナルドは、伝統的な英国の探偵小説で取り扱われる事件が、「しばしば事故によって外界との交信を絶たれる田舎の邸宅における長い週末」に起こり、「戦争にも、政府や社会の崩壊にもさまたげられることはない」ことを、英国の「特権社会への郷愁」の現れと見ていた。(40)だが、そうした仮構や抽象化は同時に、伝統的な探偵が「緋色の研究」をうまく完遂させるための手段でもあった。しかし、チャンドラーのように、その主題が「大都会の中の孤独であり、腐敗した社会のもっとも粗野な要素と闘う感受性豊かな男の屈折した苦痛である」ならば、(41)つまり現代都市の様相をリアルに描くことになれば、そのような抽象は許されない。ハードボイルドの探偵がさまよう世界は穴だらけで、無数の悪意が錯綜して通り抜ける場であり、何の解決も終りもない「無限」という形式を帯びているからである。

レイモンド・チャンドラーは、自分の主人公が生きている世界のありよう、つまり彼の「冒険の舞台」について次のように述べている。

殺人を扱う現実主義者が描く世界は、ギャングが国中を支配できる世界、一都市全体を支配しかねない世界であり、……法と秩序とは口にはしても実行に移すのは遠慮するということになってしまったため、誰一人として暗い通りを無事に通り抜けられない世界であり、あなたが真昼間にピストル強盗を目撃し、誰が犯人かを知っていても、強盗には銃身の長い銃をもった仲間がいるかもしれず、警察にはあなたの宣誓証言が気に入られないかもしれず、いずれにしても公開の法廷の席上で、えりすぐった愚か者の陪審員を前に、政治的な判事からまったく形式的な制止を受けるだけの悪質弁護士から非難中傷され放題の目にあうだろうと思うと、誰にも言わずに再び人ごみの中へそそくさと姿を消さざるをえなくなるという、そんな世界なのである。(42)

善良なものでみたされているはずの世界は、じつは悪意が通り抜けていく無数の空洞からできているのである。それは有名なレストランの経営者が売春宿とつながっていたり、映画スターがギャングの手引きをしたり、人好きのする素敵な男がゆすり屋のボスだったり、地下室に禁制のアルコールを詰めこんでいる判事が、ポケットに一パイントばかりの酒を入れていた罪で人を監獄に送ったりするような世界、つまり正義や、名誉や、善意や、美しい外見が、すべてその反対のものに裏返ってしまう世界である。

探偵が生活の糧を得ている現代都市はこのように、すべてがどこかで「裏返っていく」ようなトポスになっている。それは都市を生きる人間が「貨幣への欲望」という、本当は誰のものともしれない、孤独な欲望に取り憑かれることからはじまる。ある人間においてその欲望は大きな夢想に育ち、「まともな人間との接触」を断ち切ってしまう。現代において都市とは、限りのない欲望を生起させる装置であり、またそのような欲望の主体となった者たちが、まさにその欲望のために交わっては別れていく場所である。そのなかで中流の生活の幸せな均衡を見いだすには、人はいくつもの抽象と断念をくぐり抜けねばならない。また、たとえ抽象の輪をうまくくぐり抜けたとしても、幸せな均衡に見える人間の風景はどこか奇妙な壊れ方をしている。

現代都市において、欲望の世界はありとあらゆる商品や広告によって無数のイメージに彩られている。熱いモードの波形を通して人びとの欲望の虚しいざわめきが聞こえてくるが、それらの欲望は、自分をみたす前に、いったんその具体性を括弧のなかに入れ、貨幣への欲望という抽象的な形式に姿を変えねばならない。しかも重要なことに、貨幣への欲望という抽象的な形式の場を通過するとき、人ははじめて他者の存在と現実に交叉するようになる。他者とぶつかり、交錯し、すり抜け、あるいは共謀し、騙しあうといったようにである。貨幣という抽象、あるいは強制力といってもいいが、そのような形式を通して行われる過酷な交わりの〈場〉として、現代都市はその名づけえぬ顔をもっている。

しかし、その名づけえぬ顔が人間の真実に多少とも関係するのは、人間の営みにとって避けがたい要素がそこに重なってくるからだろう。すなわち、人間の身体にあたかも宿命のように課された性愛の欲望が貨幣への欲望と交錯するからである。そのときはじめて都市に生きる人間の本当の姿が浮き彫りになってくる。ハードボイルド探偵小説が都市を描くのも、たんに貨幣への欲望においてではなく、むしろ貨幣という抽象的な形式が人間の性愛と容赦なく交錯する位相においてである。この種の探偵小説のなかで貨幣という強制力と性愛という宿命の装置が交叉するとき、何が生みだされるのかといえば、それは取り戻しようのない破綻であり、裏切りであり、別れの顔である。ハードボイルド探偵小説において、事件が切り裂く都市の断面には、深ければ深いほど、結ばれよう

**図4** 映画『さらば愛しき女よ』のタイ・イン版の表紙（ペンギン・ブックス）

のない絆からなる「別れのトポロジー」が刻みこまれている。

別れのトポロジーのなかで、人間の関係、たとえば家族や、友情や、恋愛は意味の空洞に通過されていく。そこではいくすじもの空洞を通じて人が人を裏切り、世界が裏返っていく。探偵の冒険は、事件の真相を見いだすというより、これらの空洞のなかに生きる人間の曲率をある感受性の言語で表現することにある。

『長いお別れ』（一九五四）で、探偵フィリップ・マーロウは、親友テリー・レノックスが自殺を装い、整形手術で顔まで変えて、自分を裏切り、利用しようとしたことに対して次のような言葉を投げかける。

「君は僕を買ったんだよ、テリー。なんともいえない微笑やちょっと手を動かしたりするときのなにげない動作やしずかなバーでしずかに飲んだ何杯かの酒で買ったんだ。いまでも楽しい想い出だと思ってる。君とのつきあいはこれで終わりだが、ここでさよならはいいたくない。

ほんとのさよならはもういってしまったんだ。ほんとのさよならは悲しくて、さびしくて、切実なひびきを持っているはずだからね[43]」

かつて『さらば愛しき人よ』(一九四〇)でも、最後に追い詰められたヴェルマが、彼女をただ愛し続けたマロイという大男を無慈悲にも射殺する場面があった。ヴェルマはマロイとつきあっていたころの卑しい過去を消し去り、いまや栄誉ある富豪の夫人に成り上がっていた。ヴェルマ、マロイ、そして探偵マーロウがそれぞれの思いで交錯するその場面では、ある男と女を結んでいたはずの絆は、女の裏切りによって取り返しのつかない色に染めあげられていたことがわかる。

「そうだったのか」と、彼は静かにいった。「たったいま、わかったよ。お前が俺を警察にさしたんだな。ヴェルマ、お前が……」

私(マーロウ)は枕を投げた。しかし、間に合わなかった。彼女はマロイの腹部をめがけて、つづけざまに五発撃った。指を手袋へいれたほどの音しかしなかった。(括弧内引用者[44])

……

「夫人はマロイが怖かったんだ」と、私(マーロウ)はいった。「彼女は八年前に彼を密告している。マロイはそれを感づいたのだ。しかし、彼は赦《ゆる》すつもりだったろう。それほど、彼女を愛していたんだ。もちろん、彼女は殺すつもりだったのさ。殺さなければならないものは、誰でも殺してしまうつもりだったのだ。そうするだけのことがあった。しかし、そんなことをいつまでもつづけていられるはずはない。……」（括弧内引用者）[45]

これらの作品における犯人の動機は決して目新しいものではない。問題は犯人が自分のまわりにある人間の関係をどのように通過していくかにある。ある意味で、犯人の孤独は凄絶なまでに際立っており、犯人はその孤独においてすでに裁かれているのかもしれない。ここでは犯人の孤独を核とする、人間の関係にかんするある種の不可能性が事件を構成している。テリー・レノックスがそういう人物になったのは戦争のせいかもしれないし、生まれつきかもしれない。だが、テリー・レノックスが道徳的に敗北主義者であるとしても、彼はまだ狂人や精神異常者ではない。ヴェルマもそうである。彼らは正気の人間のままあの不可能なトポロジーを生きているのである。

## 五　狂気の通路

だが、それからしばらくして、ロス・マクドナルドの作品に現れる不幸な人物たちはしばしば正常の域を越え出ている。正常や病いの基準は制度がつくるものだとしても、彼らはどこかで一線を越えている。作家は日常の襞《ひだ》に侵入してくる精神の異常とその必然性を念頭にしているのである。

一九五八年の『運命』で描かれたのは偏執狂の影が渦巻き、精神病院や精神病医が絡んでいる世界である。しかも犯人である女性には軽度の「精神分裂症」の疑いがあった。犯行の核心やその周囲には、「孤独」の限界を越えて、「狂気」という修復不可能な薄暗い染みがいくつか広がっている。ここでは裏切りの感覚は主体の限度を越えてどこかで狂気に接続しており、人間的なものから病的で治癒不可能なものに変わっていく。そこで「運命を司るもの」はもはや神ではなく、「人間の顔をした異形のもの」、あえていえば怪物である。

ロス・マクドナルドがそのような病的構造の発現を通じて焦点を当てているのは、個人の崩れというよりも、むしろ「家族」という関係の崩れだった。たとえば『別れの顔』(一九六九)では、幻想の世界に生きる「精神異常者」の男が自分の息子に殺人の罪をなすりつけ、罪の意識を負わせて窮地に追いこんでいく。(46) その息子というのは、男の妻が別の相手とのあいだに生んだ子であった。だが、男とその妻は示し合わせてその子の父親も殺していた。ここでは家族の関係がそれを生きる人間の欲望と狂気のために切り裂かれている。だが、実をいえば、そのような狂気を引きずりだしているのは他ならぬ家族の関係であり、その不可解な絆でもあった。そこで狂気はたんに狂っているのではなく、人間の顔をしている。しかもそれはある一家族の問題だけではなかった。探偵リュウ・アーチャーの時代は、冷戦、つまりヴェトナム戦争をはさんだ社会の経験を大きな背景としており、欲望と狂気のあいだの不分明で入り組んだ境界線を誰もはっきりと引くことができない世界が横たわっていたのである。

他方、『地中の男』(一九七一)では、「偏執狂」の母親が、自分の過去を隠そうとして殺人を犯す。彼女はそのために息子を身代わりにし、自分のために利用する。探偵リュウ・アーチャー(「私」)が彼女と対決する場面はじつに無惨なものであった。

彼女と議論するのは無駄であった。彼女は、すべてを他人のせいにして、自分の良心のとがめを消す偏執狂の一人であった。彼女にとっては、自分の凶行と悪意は、外界の放射物の影響を受けた結果にすぎない。

私は、電話の方へ行って、警察にかけた。私がまだ受話器を手にしている間に、ミセズ・スノーが、引き出しをあけて肉切り包丁を取り出した。私には聞こえない音楽に合わせて踊るような足取りで、素早く私に襲いかかった。(47)

ここでは父、母、あるいは子として、いずれも、家庭という関係のなかに入ることのできない人間が「家族」の絆で結ばれている。だが、こうした事態の底にひそむ狂気は決して個人的なものとはいえないだろう。そうした事態はごく普通の家族の絆にも、論理的に可能な道筋として入りこんでいるものである。現代の都市を浸蝕する孤独は、その孤独を癒すはずの家族において、じつはもっと深い病いに転換されていく。それはある種の人間において、彼(女)の属す世界の様相を憂鬱症的に染めあげていく。そしてさらに破局が訪れるとき、彼らのあるものは良心と悪意のゲームからなる偏執狂的な螺旋の階段を死に物狂いで昇っていくことになる。都市がその名づけえぬ顔をもつのは、もはや裏切りという主体の詐術を越えて、この種の狂気にいたる経験においてである。それは殺人者の行動が自分の動機の有限性を超えて、まるでどこかへ逃げ切ったかのように狂気という匿名の顔をもつときである。

現代の都市は無限をはらんだその空間の襞《ひだ》に異様な事件を分泌する。人間の有限性を超える狂気の通路にひらかれた空間で探偵の捜査は続けられる。ハードボイルドにおいて、「探偵」とは、ある個人の蹉跌というよりも、それを通じてむしろ都市そのものの悪夢を想起することである。かつて『血の収穫』(一九二九)の「探偵」(コンティネンタル探偵社支局員のおれ)は酒に酔ったまま眠りに入り、奇妙な夢を見た。彼は夢のなかである女を探してアメリカじゅうの街を歩きまわる。彼はその女を探すために、次々に異なる都市の、次々に異なる街を空しくさまよい続けるのである。

> ……アメリカじゅうの街の半分を探しまわったあげくに、ジャクスンヴィルのヴィクトリア街へ来ると、やっと女の声が聞えた、ただし姿はまだ見ることができなかった。
>
> おれは女の声をたよりに、さらに多くの街をさまよった。女は誰かの名を、おれのでなく、おれの知らない名を呼びつづけていた。だがおれがいくら速く歩いても、どっちの方向へ歩いても、その声に少しも近づくことができなかった。エル・パソのフェデラル・ビルディングの前

の通りでも、デトロイトのグランド・サーカス公園でも、その声はいつもおれと同じ距離をたもっていた。すると声がやんだ。(48)

「探偵」はやがてあるホテルのロビイで女に出会うが、それは彼が疲れ切って「探す」のを止め、一休みしたときのことだった。

もう一つ、この「探偵」が続けて見たのは次のような夢だった。

おれは見知らぬ市で、おれの憎んでいるある男を追跡している夢を見た。おれはポケットに刃をむきだしにしたナイフを忍ばせていて、みつけ次第にその男を殺すつもりでいた。それは日曜日の朝で、教会の鐘が鳴っていて、大ぜいの人々が、教会へ行く者もあれば教会から出て来る者もあって、街をぞろぞろ歩いていた。おれは最初の夢のときと同じくらい歩きまわったが、いつまで歩いても同じこの見知らぬ市のなかばかりだった。

すると、おれの追っていた男が、おれに声をかけたので、おれは彼を見た。小柄な男で、茶色の服を着、ばかに大きい広縁帽《ソンブレロ》をかぶっていた。大きな広場の、ずっと遠い向う側の高い建物の踏段に立っていて、おれを見て笑っている。男とおれとをへだてている広場には群集が、肩と肩とひしめきあうほど、ぎっしり詰まっていた。(49)

「探偵」のおれは、第一の夢で「女」を探しに、どこまで続くかわからないまま、次々に異なる街《ストリート》を歩いていく。第二の夢では「男」を探して、見知らぬ一つの都市《シティ》のなかを歩きまわるのだが、いつまで歩いてもその見知らぬ都市から出ることができない。ここには探すことが本質的に徒労であるような空間がある。「女」が現れるのは「探偵」が探すのを止めたときである。「男」が現れるのは、「探偵」が見知らぬの都市のなかに閉じこめられているのがわかったときである。いずれにしても、探すべき対象は都市の現実がつくる無限の襞のあいだに存在している。それは眼前に立ち現れるようにみえるが、つねに有限性の壁の向こう側に存在している。かつて探偵の仕事はある超越的な視点から空間を閉じることだったが、都市の現実はそれに逆らう。その内部に無限をはらみ、「深さ」がめくれて、ひらいてしまった空間では、超越的な視線による「緋色の研究」は成り立たない。ハードボイルド探偵小説が導入するのは、さまざまな形象をとって現れる、この「無限」を内包する空間なのである。

ハメットの「探偵」が見た夢は、彼の追跡する世界が無限の徒労にひらかれていることを暗示している。そこで「無限」は探偵の不能を示す形象として現れる。だが、探偵はこの無限をさ迷いながらも自分自身の味わいを失うことはなかった。他方、チャンドラーの作品では、「無限」は善と悪が、正義と不道徳が、好意と悪意が、美しさと醜さがいつでも、どこでも、メビウスの帯のように裏返しにつながっていることを意味していた。そこで対立するいずれの項も、人間的な有限性においてはじめて意味のある形象だが、たがいに裏返り、通底することによって哀しいノンセンスに変貌する。また、ロス・マクドナルドにおいては、探偵の捜査を翻弄する「無限」は狂気という形式をとって現れる。そこで問題になるのは、動機の意味というよりも、むしろ狂気の通路となり、狂気に囚われた人間を通じて不気味な顔を覗かせる社会と対峙することである。探偵は自分の身体を賭して、社会という狂気の通路で人間が演じてしまう必死の抵抗のようなものに触れるのである。

いずれにしても、探偵の営みを翻弄する「無限」がこめられた空間においては、動機の有限性、そして人間学的な深さがどこかで立ち消えている。そのあとに残された空洞に宿るものがあるとすれば、それは何か実体でもなく、外観でもなく、むしろ不気味な断片のまま現れる「生」の感覚である。事件の全貌が明らかになっていくとともに、犯行の動機となった「意味の形象」は、その意味をあざ笑うぞっとするような感覚の線分に分解していく。価値を要求しながら、価値を崩壊させる社会のなかで、ハードボイルド小説が「現実」なるものの水準線として招き入れた、この感覚の次元とそこを横切る人間たちの存在について改めてまなざしを注ぐべきなのである。

たとえばロス・マクドナルドの『運命』において、犯人の女性、ミルドレッドにすべてを語らせ、事件の全貌を明らかにしたあと、探偵リュウ・アーチャーが受けとめるのは何事も解決していない世界である。たしかに「意味の形象」としては裁判があり、尋問、供述、起訴、弁護など、殺人という恐ろしい儀式を裁く、法によるさらに恐ろしい儀式が進められることだろう。だが、アーチャーが確かめようとするのはそのようなことではない。怪物のようなものに翻弄された彼女の存在が問題なのである。彼女に精神分裂症の兆候を見た特別看護婦は「彼女の表面の動き、冷たさ、非在感」について語っているが、そういった「非-意味の形象」も決して彼女の存在を正しく伝えるものではない。探偵が確かめるのは、そうした狂気の兆候が痛々しく嵌めこまれた一人の人間の存在である。

アーチャーという探偵が受けとめようとしているのは、ミルドレッドの運命を怪物のもとに導いた地獄のようなトポスであり、そのトポスの不気味な味わいである。追い詰められたミルドレッドが自分の犯した罪を告白する直前——彼女があざやかな赤い髪を見せて姿を現したとき、アーチャー(「私」)はそのことがわかったのである。

> まるで、夜のすべての重みがのしかかってきたように、ぐらりとテーブルに身体をのめらせた。あざやかな赤い髪が白いテーブル掛けにひろがつた。私は立つて、見るともなく彼女の姿を眺めた。心のなかに、三年という歳月の深さ、あるいは、長さの、亀裂のようなもの、いや墜道《トンネル》のようなものが口を開けた。その底に幻覚のようになまなましくあざやかな、白い光に照らされている赤いひろごり、そのなかで生命が死に、殺人が生れたことを、私はまざまざと見てとつた。(50)

**図5**　戦後の影から浮かびあがるジョン・マクドナルド(『動く標的』1949年)

人間の「深さ」はある。そしてその底面には狂気に染めあげられた赤いひろごりがある。だが、探偵はそこでたんに「緋色の研究」をしているわけではない。その赤いひろごりからトンネルのような空洞がこの現在の断面にまで通じているが、重要なのは、そのような空洞に冒され続けたミルドレッドという女の存在である。アーチャーの眼前に彼女が姿を現したとき、アーチャーが感じたのは、赤いひろごりから伸びる空洞が一人の人間の存在を通じて伝える不気味な感触だった。

アーチャーは、彼女の存在を貫き、象《かたど》りもする空洞に触れ、その空洞が自分を掠《かす》めていく瞬間を味わう。彼女の生ける存在というのは、アーチャーが味わう冷気と身ぶるいするような感覚の線分によって描かれるしかない。告白を終えたミルドレッドとその過去をアーチャーは次のように見届けていた。

　暁は、ある手術室の蛍光灯のように、木立の上に姿をあらわした。ミルドレッドは暁の白い懊悩から顔をそむけた。感情の爆発が熄んで、顔がなめらかになり声はふるえを帯びていなかつ

た。眼だけが変化していた。重くなつて、熟れた李のいろをうかべていた。(51)
……
夜の波濤がミルドレッドを洗つて、冷気と身ぶるいを残した。私はしばらくのあいだ彼女を抱きしめていた。窓の外の光が朝の光に変つてきた。あの緑色の木の枝がそのなかに動いていた。風が葉を吹き散らしていた。(52)

たしかに、現在がいくぶんか浄化され、存在がある種のなめらかさを取りもどすときがあるのだろう。だがそれでも、ミルドレッドの存在を激しく洗った夜の波濤は言いようのない「冷気と身ぶるいを残した」のであり、その不気味な印象や味わいが消え去ることはない。もちろん、それは深い過去から伸びる空洞を葬り去ることができないということではない。おそらく人はそれを乗り越えるべきなのだろう。だが、その空洞がどんな温度をしていたのか、どんな感触をしていたのか、そしてどんな顔をしていたのか、そのことの感覚は確かめておかねばならない。探偵に役割があるとすれば、それは人間の有限性のなかでしか意味がない価値を確かめることではないのである。

失踪によって時間ははじまり、探偵はたしかに過去を調べ、人間の重い絆を追いかけていく。だが、ロス・マクドナルドの作品が描くように、探偵が人間の実存に宿っている深さを発見することは、同時にその生の深さが裏返り、取り返しのつかない空洞になっていることを発見することに帰着する。生の深さを発見することは絶望的な空洞を発見してしまうことである。『さむけ』(一九六三)では、粘り強い捜査の果てに探偵が出会うのは次の詩が暗示する通りのものだった。それは恐ろしい犯人を愛したことのある男が書いた詩である。(53)

もしも光が闇で
闇が光なら、
月は黒い穴だろう。
夜のきらめきのなかの

鳥のつばさが
錫《すず》のように白いなら、
こいびとよ、あなたは
罪よりも汚れているだろう。

出会わなければならない空洞のかたちはさまざまに変わるが、どれも解決のつかないものばかりである。ここでは、「緋色の研究」は苛酷な現在を明らかにし、癒すどころか、さらに解決のない世界の扉をひらき、その世界の不気味な体温を伝えるだけである。生の深さが不意に裏返り、現れた空洞のただなかには、人間の生の様式としては復元されず、また癒されもしない感覚の線分が渦巻いている。探偵はこの感覚の線分が生の断面に浮かびあがるための希有な触媒のはたらきをする。そこで人間の物語がある虚構の意味をなぞるように復元されるとしても、生をみたす多少の真実というのはいつもその断面のうちに閉ざされたままである。

ここで探偵のまなざしは、形式化も、解釈も不可能なものに向かおうとしている。もちろん、記号はふんだんにあるし、意味が枯渇したわけでもない。ただ、記号が何かを指示し、意味が解釈を誘う安定した地層では伝播しがたい感覚の線分が渦巻いているのである。しかもそれらの線分は、運命や縁といった言葉でしか語りようのない生の回路を形成してしまう。それは手で掬いとろうとすれば断片にしかならない。しかし、人間は記号＝痕跡の回路を辿るだけではないし、意味＝動機の回路にだけ立っているのでもない。それらとは別に、解読もされず、理解もされず、ただ人がある味わいをもって通り過ぎていくような、生きることの地層が存在しているのである。

かつて「緋色の研究」という方法の確立を見たあと、世紀を越え、大きな戦争が起こると、事態は急に旋回していった。「緋色の研究」は世界に人間学的な深さを知覚する様式を成立平面としていた。だが、第一次世界大戦のあとの童謡殺人ないしABC殺人において、人は想起すべき過去やそこにあるはずの人間学的な深さが、どこかである空虚な深さに横滑りし、動機の空間における重心の狂いを経験する。深さは深さの不在とどこかでつながってしまい、「過去を想起する」という探偵小説の形式は宙に浮いてしまう。そこに仕掛けられた巧妙なトリックは、表向きは誰が犯人かを隠蔽するためのものだったが、別の意味では、探偵小説という想起の形式そのものを宙吊りにする作業でもあった。

失踪にはじまるハードボイルドでも、事件の人間学的な深さはあるようにみえる。しかし、その深さはもはや肝心なことを何も解明しえない空洞となって裏返り、むしろそれが帯びている痺れるような感覚の線分に分解していく。誰もこの感覚の不気味な拡散を止めることができないのである。探偵とは善と悪という二分法からなる社会の通念と闘う者のことだが、彼が発見するのは、善と悪の双方を蝕む狂気がこの社会に致命的な仕方で加算されていることである。この狂気はこの社会と別のところから来たものではなく、この社会が現に生み出しているもののように思える。些細で慎ましいはずの欲望をそのまま狂気に導いていく空洞、そして狂気を運びながら、家族や、友情や、性愛などの人間の関係を錯綜して通り抜けている空洞、この不気味な通路が社会であるとすれば、探偵とはこの社会なるもののひろがりと温度と感触を、そして顔を、一瞬のことだが味わい、垣間見る人間のことをいうべきなのだろう。

# 第四章　探偵のディスクール

## 一　想起と眠り

「緋色の研究」とは、現在の事実を、今や不可視となった「過去」の追想のなかで思いもかけないかたちで目覚めさせることである。ただし重要な補助線として、現在の事実を、その「表面」にたわむれる痕跡の布置を通して解読する手法がそこに重ねられる。これは現在の事実が二つの水準に深さをもっているということである。つまり、現在の事実は、(a)不可視の過去との関係で思いもかけない「人間的な時間」の深さをもち、(b)微視的な痕跡との関係である種の「記号の空間」をその表面にはらんでいるのである。それゆえ探偵による「緋色の研究」は、無意識性を保持する痕跡ないし微物からなる記号の空間を、ある動機を宿した人間的な「深さ」の時間性にうまく統合しなければならない。

ギンズブルグもまたこのような二重性を意識していたのだろう。彼は探偵小説の主人公がもつべき英知について次のように述べている。

この英知の特徴は、一見して重要性のなさそうな経験的データから出発して、実際には実験が不可能なある複雑な現実にさかのぼる能力にある。またこの種のデータの観察者は、そのデー

タを一つの物語として配列する、という特徴も見せる。(1)

観察されたデータを「物語として配列」する作業はある種の時間性を必要とする。コナン・ドイルにおいて、その作業は微細な痕跡の研究を人間的な時間性のうちに統合し、「緋色の研究」として完成させることである。

「緋色の研究」は、二つの水準を統合する「時間の技法」を必要とし、またそのような技法が成り立つ特殊な時間性を要求している。そこで思い出されるのは、マーシャル・マクルーハンの指摘である。マクルーハンも探偵小説の本質を「緋色の研究」に求めたのだが、その手法はある「逆向きの時間」を用いることによって成り立つことを強調していた。彼は『機械の花嫁』においてこの手法の本質を「映画」の編集になぞらえ、次のように述べている。

探偵は残された手掛りをたぐって、その原因にまで溯る。容疑者一人一人について動機の有無を調べ上げ、しかる後に、そうして得たさまざまな情報を寄せ集めてひとつにまとめる。撮り溜めしておいた各シーンを編集して映画にするのと同じこの作業が済んだところで、探偵はいわば殺人の現場に客人一同を集め、話の筋の通ったフィルムを映し出してみせる。事件の経過を時間を追って順序通りに再現してみせることによって、自動的に犯人があばかれるのである。(2)

マクルーハンによれば、映画撮影機の発明の半世紀も前に、探偵小説はすでに「頭の中で映画を作る技法」だったのであり、この技法を発見したのはエドガー・アラン・ポーであった。だが、その技法はどのようにして可能なものなのか。

探偵は時の流れを超えて浮遊する映像のような形象に注目し、これらの形象をある独特な仕方で、つまり推理によって編集する。人びとは探偵がそうして編集した夢のような映像のなかで恐ろしい覚醒を手に入れる。探偵小説で再現される「逆向きの時間」はこのような覚醒の技法が行使される場であり、人びとはそこで犯罪の秘密を暴く残酷な目覚めを経験する。探偵によれば、過去の、ただ推測されるしかない、もはや不可視の時間のなかで、「現在」につながる何か決定的なことが行われたのである。

事件が終末にさしかかるとき、関係者は探偵のもとに呼び寄せられる。探偵はこれらの人びとにその過去を想起させ、過去の悪夢のなかに謎めいた現在をはっきりと目覚めさせる。人びとは、これは本当のことなのかという。そうでしかありえない、と探偵が答える。いずれにしても、そこには次のような事実が残る。つまり「現在」にはつねに何かが不足しており、謎が含まれていること、そして人びとは思いもかけなかった「過去」の想起によってしか、この謎めいた現在の真実に目覚めることができないということである。それゆえ探偵小説の重要な教訓は、人びとがこのように「過去へと再帰する時間」の構造に閉じこめられていることにある。現在には過去の微視的な痕跡が不分明な形象の連なりとして散らばっているが、探偵は、この夢のような形象の連なりを分節しなおし、解読することを通じて、人びとを覚醒に導くのである。

それゆえ探偵小説が設定している構図は「精神分析」のそれとよく似ている。[3] 精神分析家は患者の夢や妄想を分析の対象とするが、それらの夢や妄想の内容はそれ自身のうちに、これと意識されない別の内容を隠しもっている。精神分析家は患者の夢や妄想の顕在的な内容から、そのような顕在内容をつくりだした思考や欲望のかたちを明らかにしようとするのである。他方、探偵の場合は、犯人が巧妙に演出した事件を推理の対象とする。これらの事件の顕在内容も、それ自身が一つのまとまりをもつために、犯人の隠蔽工作や動機という過剰な奥行きを隠しもっている。

問題は、推理や分析が明らかにすべき潜在的な内容は、顕在内容をみたす形象(事物)がそのまま意味しているもの、象徴しているもの、あるいは代償するようなものではないことである。フロイトがいう「夢の作業」にかんして、スラヴォイ・ジジェクは次のような説明を加えている。[4]

> 夢の中では、「物」それ自体がすでに「言語のように構造化されて」おり、その配置は、それが表しているシニフィアンの連鎖によって規定されている。「物」から「言葉」への再翻訳によって得られる、このシニフィアンの連鎖のシニフィエが「夢思考」である。意味のレベルでは、この「夢思考」は夢の中に描かれた物と、内容的にはなんの繋がりもない(同様に判じ絵の場合、その解読は判じ絵に描かれた個々の物の意味とはなんの繋がりもない)。夢の中にあ

らわれた形象の「より深い隠された意味」を探そうとすると、その中に表現された潜在的「夢思考」が見えなくなってしまう。直接的な「夢内容」と潜在的な「夢思考」とは、言葉遊び、すなわち意味のないシニフィアン的物質のレベルでのみ繋がっているのである。(5)

精神分析家に与えられる夢の顕在内容は、患者が抱いている欲望のありようを検閲し、歪曲し、加工して、まったく別のかたちに表現したものである。探偵に与えられた事件の顕在内容についても同じことがいえる。これらの顕在内容は、心的装置による検閲あるいは犯人の偽装のために、いずれもそのままでは患者の欲望あるいは犯人の動機と恣意的な関係しかもたないものに仕上げられている。それゆえ精神分析家や探偵は、そこに施されている「変形の操作」を読み取ることを通じて、それらの欲望や動機の形跡をとらえようとする。この意味で精神分析と探偵の推理とのあいだには一種の平行関係があるといえよう。

精神分析家は、「夢」の顕在内容について、その内容を形成した夢の作業、そしてその作業を通じて表現される夢の思考がどういうものなのかを問題にする。つまり、夢のなかに立ち現れる視覚的形象(事物)が表象したり、代償しているものではなく、そうした表象や代償が行われているかのように錯視させるシステムの作業と、そのシステムによって変形されている欲望の形態を分析対象とするのである。精神分析は、夢に現れる視覚的形象から直進的にそれが意味するもの——荒唐無稽であったり、とりとめのないものであったりすることにより、主体の意識には無害なものに加工されている――を求めるのではなく、その直進的な方向からずれた位相に、そうした荒唐無稽の意味作用を結晶させる心的な変形のシステムに注意を振り向けるのである。

他方、探偵が問題にしているのは「過去」である。探偵が扱う事件において、過去とは決定的な何かが行われた瞬間であり、そのまま客観的な存在として凍結され、固定点として眠っている何かである。探偵はその過去が現在に残している痕跡の解釈によって過去を正確に復元しようとする。だが、もろもろの痕跡とその布置は、そのままでは過去の真実を表現しているわけではなく、むしろ過去の別の可能性――そこに偽りの容疑者が浮かびあがるような光景――を表象している。[6]残された痕跡とその布置にはやはり歪曲と加工がなされており、この歪曲と加工の作業を含んだものとして痕跡とその布置をとらえかえさねばならない。つまり痕跡がそれ自体で何を意味しているのかではなく、むしろそうした痕跡の出現に関与している変形の作業を明らかにし、その変形のシステムを通じて過去の復元が行われねばならないのである。

ここには、残された痕跡とその布置にたいして探偵が行う「異化作用」とでもいうべきものがある。[7]『ABC殺人事件』では、残された痕跡の布置から、A、B、C……という殺人の「連続性」が浮上し、それが何か意味あるものに見えてくる。この連続性が意味するのは「狂った犯人によって無意味な殺人が行われている」ということである。警察は一連の事件にこのような連続性を読み取ってしまう。だが、この連続性は犯人の動機を隠すための歪曲と加工の結果生じたものである。

この連続性は事件の痕跡に有機的なまとまりを与え、事件を意味するものに書き替えているが、その連続性を断ち切れば、個々の痕跡は別の仕方で見えてくる。ここで探偵が行う異化作用とは、事件の連続性を印象づけるいくつかの痕跡――たとえば同一の犯人からそのつど送りつけられる挑戦状や、事件の現場にいつも『ABC鉄道案内』という冊子が置かれることなど――とその意味作用を宙吊りにすることである。探偵はこうした異化を行い、意味のヴェールによって自己の欲望の実現を隠蔽している犯人を指し示す。

しかし警察が残された痕跡の布置からそのまま意味を読み取ってしまうのは、その読み取り方に社会的なリアリティがあったからである。遊戯で無差別に人を殺すような「狂った人物」がロンドンにいたとしても、第一次大戦を経たあとの時代においては必ずしも不思議なことではなかったのである。[8] だが、この物語の恐ろしさは、警察の誤解が解かれ、真犯人が明らかになったあとにむしろ深まることになる。探偵は痕跡の空間における犯人の作業を、犯人の動機に結びつけ、犯人が通過した人間的な時間の深さに統合しようとするが、そこに露呈するものは、人間が正気のまま侵襲されていく不気味な狂気だからである。そこに立ち現れるのは、兄の財産や地位を横領したいという犯人に固有の動機の空間が、いつのまにかその固有性を超えて、無差別で冷酷な殺人の輪を次々に通り抜けていく姿である。人間的な深さの空間がノンセンスな殺人を呑みこみながら空しく膨張していくわけだが、その膨張の波形にこそ、時代の狂気が輪郭を結んでいるといえよう。

探偵は、現在を、それが蓄えている「過去」の深さにおいて目覚めさせる。集められた人びとは、いわば探偵が見る「夢」のなかで自分たちの現在を理解する。だが、ここには探偵(の夢)を相対化する視線が欠けている。探偵が行使する解釈枠組がどのようなものであるのかを分析する作業は探偵小説のなかにはない。読者はたいてい探偵の夢に陶酔する。もし探偵と競いあうとしても、それは別の夢を見るためである。読者は自分独自の解釈枠組を用意することができるわけだが、その場合でも彼自身の解釈枠組が相対化される必要はない。探偵も、読者も、自分が行使する解釈枠組とそのコードが分節する世界の内部に入りこんでたわむれており、その〈外〉に出るという関心はないのである。

そこで注意すべきは、読者が自分の見ている「夢」に陶酔している以上、それはある「眠り」のうえに成立していることである。探偵小説とは探偵に導かれ、読者がこの深い眠りに入ることをいうのだろう。問題は、彼らの夢――そしてその夢のなかでのスリルに満ちた目覚め――を可能にしている、この深い眠りにある。人びとは夜更けの寝室で灯りをともし、あるいは明るい午後の居間で、そのなかに思いもかけない目覚めが用意されている幸せな眠りに、活字を追いながら入っていく。探偵小説が近代の「民衆神話」の一つであるとすれば、それが入眠幻覚の一つの形式だからだろう。探偵の推理が用意するどんな目覚めもこの基本的な眠りを覚ますことはない。もちろん、こうした眠りは探偵だけでなく、精神分析家にかんしても同様なことがいえる。

だがそれは、探偵を探偵したり、精神分析を精神分析の対象にするような反復的自己言及が必要だということではない。そういった操作は問題を更新させるとしても、問題の解決にはならない。重要なのは、探偵の夢を組織している言説の社会的な布置、つまり探偵小説が言説としてもっている曲率を分析することである。この言説の社会性を考えるための通路となるのは、探偵小説の言説に特徴的な経験である。その経験とは、探偵のつむぎだす夢において、容疑者の雑多な可能性のなかから特定の人物(たち)が犯人として限定されるという事実である。そもそものはじめには事件の関係者である誰もが殺人の動機をもち、犯人でありえたにもかかわらず、最終的には、特定の人物だけがその殺害の欲望を実現したことになるのである。それはふつうには探偵が「正義を実現」したと理解されることである。

ここには二つの問題が伏在している。第一に、エルンスト・ブロッホのいうように誰もが匿名性を帯びて存在するという大衆化された社会状況がある。[9] 探偵小説の言説では、誰もが容疑者であり、殺意をもっているという、まさに内面的な真実の位相において、人びとの匿名性、互換性が立ち現れるのである。だが第二に、この互換性は探偵によってやがて解消される。犯人以外の容疑者は内面に殺意をもちながらも、外的な現実の位相において、自らはその欲望を実現しなかったのである。結局のところ、彼らは犯人のおかげで実行行為なくして自らの欲望の成就を見る。ジジェクによれば、探偵による解決は、これらの容疑者たちをその欲望にまつわる罪悪感から解放することになる。[10] 探偵はそこでスケープゴートである犯人にだけ罪があることを証明するからである。

探偵の解決によってもたらされる大きな快感は、このリビドー的獲得、つまりそこから得られた一種の剰余利益に由来する。欲望は実現されたのに、われわれはその代価を支払う必要すらないのだ。(11)

探偵は正義を実現するという外観のもとで、じつは「剰余利益」をもたらす。つまり探偵の描く「夢」のなかでは、容疑者でありえた人びとの罪悪感はスケープゴートの心のなかに外在化され、彼らは「代価」なしに欲望を実現することを保証される。探偵の夢に描かれた間主観的な現実のなかで、容疑者たちは、じつはその欲望が実現されたにもかかわらず、自分が殺人犯でなかったことに安堵する。だが、探偵の夢の外部にある、彼らの心的な現実においては、彼らはいぜんとして人殺しと同じである。彼らはただ探偵が保証する夢のなかでだけ罪のない人間なのである。

読者が誘いこまれる眠りの世界は、このように、①殺意という心的な現実の位相では匿名性と互換性を刻印され、②探偵の媒介によって夢とその外部のあいだを、つまり安堵とおぞましい現実のあいだを行き来する人間たちの世界として組織されている。探偵小説の視点からすれば、読者とはこれらの容疑者の位置に自分を代入しうる主体のことである。ごく日常的な読者であれば、その生の様式においてもっとも強く共振しあえるのは、探偵でもなければ、犯人でもないし、また被害者でもない。それは彼らのように異様な事件を直接に構成しないが、そのあいだに紛れこんで存在している匿名の人間、だがいつでも容疑にさらされうる市民であり、おぞましい内面の真実と日常の安堵がたわむれる世界を生きている主体たちである。このようなかたちにおける読者との接合、つまり読者の生の様式を構成する言説に隣接し、貫入し、それと鎖列をなすことが、探偵小説の言説に固有の曲率を与えているのである。

探偵がその夢を描くときに用いる「時間の技法」にもこの種の曲率が立ち現れる。探偵はまず、現在に残された痕跡＝証拠の位置をずらし、それらを過去の表象として読み取ることができるように工夫する。次にそのように表象された過去の動機を通じて現在の結果を説明する。ここで過去は現在を代補する何かなのである。このとき探偵は二つのまなざしを行使している。一つは過去に遡行するまなざしであり、「現在（痕跡）→過去」という想起の時間をたどる。もう一つは、現在の結果を説明しようとするまなざしであり、それは「過去（動機）→現在」という目覚めの時間をたどる。この往復運動において、探偵という行為がなぞるのは、現在に過去という深さをたくしこむような時間の構造である。そこでは、すでに過ぎ去った時間を想起し、その時間のなかでしか現在は確かな相貌を現してくれない。

現在へのこの「過去の再帰」はどのような意味をもっているのだろうか。一つのヒントはヴァルター・ベンヤミンの分析にある。ベンヤミンは歴史を見るに当たって「コペルニクス的転回」の必要性を強調していた。(12) それは連続的で直進する歴史や時間の観念を根底から相対化することである。

図1 『新しい天使』(パウル・クレー画)

そうした相対化を通じて、ベンヤミンは歴史を運んでいく時間性のより根源的な相を見いだし、その根源の相において歴史をとらえなおそうとしたのである。この視線の転回は、進歩や変化を当然のこととし、古いものと新しいものを自明の区別とする、飼い慣らされ固定した時間感覚を根底から揺さぶるものであった。ベンヤミンは次のように述べている。

> 歴史を観るに当たってのコペルニクス的転換とはこうである。つまり、これまで「既在《ゲヴェーゼネ》」は固定点とみなされ、現在は、手探りしながら認識をこの固定点へと導こうと努めているとみなされてきたが、いまやこの関係は逆転され、既在こそが弁証法的転換の場となり、目覚めた意識が突然出現する場となるべきなのである。[K1, 2][13]

ベンヤミンは、時間の流れが一瞬稲妻に打たれたように静止して、時間の順序がゆらめき、思いもかけない仕方で「過去」が固定的な時間連関から抜け出し、現在と衝撃的に交叉するような時間の経験があるという。それはイメージないし「像《ビルト》」の次元で生じる経験である。それらの像において過去が現在と一瞬のうちに交叉するのであり、その交叉の瞬間は「静止状態に置かれた弁証法」とでもいうべきものである。[14]ベンヤミンはそのような像の一瞬のゆらめきのなかでこそ現在の目覚めが可能になるとみているのである。

　だが、通俗的な時間意識にしたがえば、現在を理解するための固定的な準拠点として、過去ないし既在を設定することになるだろう。つまり、ある過去から見て、現在は一つの変化ないし偏差として理解される。ベンヤミンによれば、こうした偏差を、進化や発展の図式によって評価し、測定しようとする歴史主義の視線は、現在というものをただ「新しさ」や「現代性」という観念によって理解する罠にはまりこんでいる。それは現在というものを、過去から見てどのように新しく、どのように現代的であるのか、どのように最新のものであるのかを、たえず探しまわる視線であり、いつのまにか「地獄の時間としての現代」に陥っていく。[15]ここには、それ自身の過去から切り離され、たえず新しさを求められる現在しかない。

　これに対して探偵小説は、資本主義社会の日常生活に浸透する「現代性の地獄」から距離をおく一形式とはなっている。たしかに、探偵小説は過去をすでにあった固定点とみなす点において通俗的な歴史意識に通じている。だが、探偵小説はそのような過去を人びとの目覚めの場として利用する。それは現在という時間を「現代性の地獄」から掬いとり、「束の間の眠り」のなかの出来事にせよ、過去との深い絆のなかに目覚めさせる時間の技法なのである。探偵小説においては、現在はつねに過去の補塡によってはじめて真相を明らかにする何かであり、執拗な「過去の再帰」が求められる。それは現代性や新しさの時間意識にたいする一種の抵抗であると同時に、その補完物でもあるという両義的な性格をもっているのであり、この言説が身を置いている不安な場所を標識しているといいえよう。

探偵小説はそれ自身の基盤となる「心地よい眠り」に人びとを導くものであり、ベンヤミンが求めるような覚醒した歴史意識の境位に到達しようというものではない。とりわけ、探偵小説の「束の間の眠り」が人びとの日常を覆う現代性の地獄と共犯的な補完関係にあることを忘れてはならない。ベンヤミンの歴史意識は探偵小説の基盤となるこうした眠りにも容赦のない目覚めを要請するはずである。この意味で、探偵小説が明らかにする「深さ」は安易な底面をもっている。その深さをみたすものは、現在の奥行きをそこで完結させる、底の知れた幻影でなければならないのである。ベンヤミンの視点からすれば、その深さに宿る恐ろしげな幻影に耽溺するのではなく、むしろ深さをはらんだ時間の構造を生みだし、その深さにおいて「癒される」ような意識や思考の社会的様態をとらえかえす必要があるといいえよう。

この癒しのために、探偵は、過去を一つの固定点として、また決定的なものとして実体化している。ただし、それは現在を過去から峻別し、切り離すためではない。むしろそうした過去のなかに入りこみ、現在を目覚めさせる場として過去を利用するためである。そこでは探偵の推理によって過去の復元が行われるが、そうして得られる過去は現在の不安な可能性を閉じるものとして客観的で確かな底面でなければならない。他方、ベンヤミンの歴史記述は、過去を確かな底面や根拠とみなすのではなく、むしろ過去が夢であり、消えいく像であるという側面を積極的に確認することからはじまる。(16) ベンヤミンの手法が、過去を夢の形象として想起するのは、探偵のように「正義」を実現したり、容疑者たちに「剰余利益」と安堵の思いを与えたりするためではない。それは夢の世界を完結したものとして閉じるのではなく、むしろわれわれをその不安な可能性のうちに決然と目覚めさせておくためである。

パサージュ論において、ベンヤミンは自分が用いる時間の技法を「新たな弁証法」とみなしている。そこでベンヤミンが求めているのは、進行や発展の時間意識のもとでただ過去の喪失をなぞるような追悼的想起ではない。必要なのは、過去の痕跡を、「夢の形象」として、つまり多様な形象が浮遊する「神話的な時間」の相において経験することである。それらの形象を統合したり、構造化したりするのではなく、むしろそのような統合の論理から解き放ち、「夢の形象」として不定かつ多様な隣接関係のなかに浮き沈みさせてみる想起こそ、「現在」を歴史の奥行きにおいて、つまり歴史の現在として経験する技法なのである。

重要なのは、現在の目覚めが可能になる場として「夢の形象」が集められ、分節されていく仕方にある。つまりさまざまな断片／形象が既存の物語や歴史から解放され、蒐集されるわけだが、それらの断片／形象を並べ、隣り合わせ、浮き沈みさせるような編集の技法が問題になる。ベンヤミンはパサージュ論でそうした編集に取り組んだのだろう。その断片＝言説の編集は、諸々の痕跡を統合し、まとめあげ、収束させる探偵の推理とは異なり、すべてをゆるやかな分散状態に置きながら、それぞれの言説を他の言説に屈折させ、交叉させ、反射させる。そこで提示された集合的な夢の形象は、抑圧された欲望の（偽装された）実現をめざす主体にも、また巧妙な犯罪の動機をもった主体にも還元されない。歴史の現在は、過去の時間に代補されることによって閉じることはなく、むしろある未決定な奥行きを広げていく場でありつづける。そこでは探偵小説におけるように「深さ」のうちに閉じていく現在ではなく、歴史の多様な奥行きを生成させる場としての現在がひらかれようとしているのである。

## 二　遊歩、蒐集、そして探偵

時間の技法は探偵小説に内在的なものだった。だが、「探偵」という言説の技法を考えると、これに類似するが、微妙に差異づけられた、しかもきわめて密接な関係にある言説の技法が存在している。ここでは、そうした隣接する言説の技法との関係で、探偵の技法について考えてみることにしたい。これらの隣接する言説の技法に一つの場を与えているのは都市、なかんずく大都会である。たしかに探偵をその社会的機能において評価する場合は、ミシェル・フーコーが分析していたように、監視する権力という観点から言説の隣接関係を問題にしなければならないだろう。[17] たとえば犯罪報道や犯罪実録、あるいは刑事司法の言説がそうした隣接関係にある言説を構成しており、この点については、第一章第一節で触れたとおりである。

だが、探偵あるいは探偵小説の社会的機能ではなく、その言説のありようについて、つまり言説を実際に組織し、言説を通してはたらくまなざしの技法について考えるなら、分析すべき隣接関係の場は、監視する権力というより、むしろ大都市とそのなかに生きている群集の世界ということになる。十九世紀の大都市では、探偵小説に隣接するものとして、「遊歩」や「蒐集」という特異なまなざしの経験が生みだされていたのであり、それらは独自な仕方で大都市の生活にかかわっていた。それゆえ、大都会の遊歩者や蒐集家が行使していたまなざしの技法との相関や距離において、「探偵」という行為の固有な布置を考えてみる必要がある。

かつてギルバート・K・チェスタトンは、探偵小説のもっとも本質的な価値について、それが「現代生活のもつある種の詩的感覚」を表現した大衆文学の形式であり、しかもそうした表現形式の最初にして唯一のものだということを強調していた。「現代生活」とは現代の大都会の生活であり、チェスタトンはこの点を次のように敷衍している。

このロンドンの詩美の発見ということは、取るにも足りぬ瑣末事ではけっしてない。都市は本来、田園より詩的である。なんとなれば、自然は意識を持たぬもろもろの力の生み出す混沌であるのに対して、都市の示す混沌は意識を持った力の生む混沌にほかならないからだ。競い立つ花の群れとか、苔に生じた地模様などというものは、はたしてなんらかの意味を持つシンボルであるのかどうか、やや保証の限りではない。けれども街路に敷かれた石の一片にしろ、壁にはめこまれたレンガの一片にしろ、必ずみな意味を持つシンボルならざるものは一つとしてない。それは必ず誰か一人の人間の発している音信なのだ。電報や絵葉書と同じことである。……文明の個々の細部に秘められたこのロマンスに人びとの注意をうながし、石や瓦にこもるこの無限に人間的な性格を強調するものは、たとえシャーロック・ホームズの信ずべからざる調査記録という形を取っていようとも、まことに善なるものと言わねばならぬ。(18)

しかし、探偵小説が大都市に生きる人間の文化感性を詩的に表現したものだとしても、大都市という空間のなかで探偵が行使しているまなざしの技法は決して孤立したものではない。探偵が大都市のなかを探索している、ちょうどその間近に、それを掠《かす》めるように、遊歩者のまなざしが街路のなかで何事かを見ており、また蒐集家のまなざしが何かに目をとめ、それを自分の部屋のなかに取り集めているのである。ヴァルター・ベンヤミンは、パサージュ論において、これらの奇妙で、どこかいかがわしさを帯びた主体たちのありようとその交錯を描いている。

まずは遊歩者の存在だが、ベンヤミンはポーの描いた『群集の人』に言及しながら、遊歩者のありようを次のように位置づけている。

大多数の人びとは自分の仕事に精を出さなければならない。金利生活者が遊歩できるのは、原則的には彼がそういう存在であることによってすでに社会の枠をはみ出ている場合だけである。金利生活が世の中の目標スローガンになると、遊歩者のための自由な活動の空間はなくなる。ロンドンの中心街《シティ》の熱病的な交通のなかにそういうものがないのと同様である。ロンドンは群衆の人を生み出した。三月革命〔一八四八年〕前の時期のベルリンで庶民に人気のあった人物像、立ちん坊ナンテは、ある意味で群衆の人と対極をなす。パリの遊歩者は両者の中間的存在であろう。(19)

ここでは大都市が生みだした三つのタイプの人間、すなわちロンドンの「群集の人」、ベルリンの「立ちん坊」、パリの「遊歩者」について言及がなされている。ベンヤミンによれば、遊歩者は、群集の人と立ちん坊のいずれでもなく、あえていえば両者の中間に位置しているという。

第一に、遊歩者は立ちん坊とは異なっている。ドイツの作家が描いた立ちん坊は、日雇い仕事で食い扶持は稼ぐにしても、たいていは町角にぶらっとしていたり、酒を飲んでいたりする人びとである。しかし、遊歩者は立ちん坊のようなかたちで社会の周縁部ないし外部性にどっぷり漬かった存在ではないのである。

**図 2** 『群集の人』の挿絵(雑踏にまぎれる中央の老人:ルイ・ルグラン画)

第二に、遊歩者は群集の人とも同一視することができない。群集の人はどこか落ち着きがなく、物に憑かれたような態度をしている。ポーが描いた群集の人は、大都市に住む人びとで、上流階級であったり、商人であったり、弁護士であったり、株式仲買人であったりする。彼らは社会的な枠と規律の内部に生きている人びとだが、大都市のなかではそれぞれの差異を失い、不安、嫌悪、戦慄を喚起し、野蛮さえ感じさせる「群集」という不気味な社会性をもつにいたるのである。他方、遊歩者は目覚めた人に見られる落ち着きや自分の個性を失っていない。また、遊歩者は社会的な枠組の外にはみ出した存在であるが、その異和が彼らのまなざしにある種の自由を与えている。

だが、遊歩者は群集と単純に対立するのではなく、弁証法的にねじれた関係に立っている。[20] 遊歩者はいわばその共犯者のように群集と深くかかわりながら、同時に、ある軽蔑のまなざしをもって群集から距離を取っているからである。遊歩者は群集の内部に混ざりこんでその身を隠しているが、なお自分の個性や独立心を保持しており、その目覚めの意識によって群集の外部に立っている。遊歩者はこのように両義的な存在であり、その両義的な位相から、群集を生みだした世界の表情とその奥行きを眺めている。重要なのは、この遊歩者の挙動に「探偵」の姿が重なって見えることである。[21]なぜなら、遊歩者は一見したところ群集と同じで、世界にたいして無関心な様子を見せているが、その無関心さの背後には、犯罪者から目を離さない監視者のような注意深い視線がひそんでいるからである。

探偵が遊歩者に似ているとすれば、それは群集の往来するパサージュのなかで、あるいは私人の消えた室内空間において、たんに観相学的な趣味や関心をもって何かを観察し、探しまわっていたりするからではない。そのこと自体は表面的な類似点でしかない。ベンヤミンはいささかの苛立ちをこめて次のように述べている。

別の面から見ると、遊歩者の振る舞いを合理化するテーゼ、際限もない量の文献で問題にされていない根拠であるテーゼ、遊歩者をその振る舞いと姿形によって追究しようとする型にはまったテーゼほど愚かしいものはない。それは、遊歩者が人々の骨相学的外見をつぶさに観察して、その国籍や身分、性格や運命を、歩き方や体格や顔の表情から読み取っているというものである。こんなに根拠の薄い見え透いたテーゼが広まっているところを見ると、遊歩者のモテ

ィーフを覆い隠す関心がいかに執拗なものでなければならなかったかがわかる。[M6a, 4][22]

通行人の顔からその職業や素姓や性格を読み取るというのは遊歩者にまつわる幻影や仮象にすぎない。探偵との関係において重要なのは、むしろ第一に、遊歩者の両義的な存在の仕方であり、その社会性である。ベンヤミンは遊歩者の態度に「第二帝政下における中産階級の政治的態度の縮図」が見られると考える。[23]だが、より本質的なことをいえば、遊歩者は、探偵と同じように、群集が形成する社会性の場に棲みつきながら、そこに異和の感覚を抱いている、いかがわしい主体なのである。また、遊歩者が行使しているまなざしが探偵の視線と重なる部分があるとしても、それは観察対象をある意味のまとまりに包摂するためではない。遊歩者もまた街路の空間で些細な痕跡に目を止めるが、彼は諸形象の有機的な連続性や全体性――これこそ犯人によって仕組まれた配置である――を「挿絵的な経験」の集まりに解体していくからである。[24]

遊歩者はパサージュにおいて世界の表情を読み取るまなざしの存在であるが、そのまなざしが向からのは街路に浮かびあがる魅惑的な形象である。遊歩者はそれらの形象を自在に選び取り、アレゴリカルな断片として読み取っていく。遊歩者はさまざまな形象を寄せ集め、挿絵のように組み合わせ、その不確定な集まりのなかに都市の現在が抱えもつある種の歴史性を垣間見ているのである。それらの形象を拾い集める遊歩者のまなざしのなかで、パサージュの空間は全体性の脈絡から自由な、さまざまな挿絵的経験の集まりとなる。ベンヤミンは「挿絵的な視線というカテゴリーこそは遊歩者の基本である」と述べているが、パサージュが存在するといえるのは、このいかがわしくも自由なまなざしとの相関においてだろう。

探偵が捜査において何らかの痕跡に注目するのも、それが事件の謎めいた挿絵となっているからである。つまり探偵と遊歩者が似ているのは、探偵も、事件の有機的な全体性からはずれた取るに足りない痕跡に目を止め、事件の空間をそのような痕跡からなる挿絵の集まりとして解読する点においてである。だが、探偵による解読はやがて人びとの「現在」を恐ろしい夢のなかに目覚めさせる作業となる。そのとき交錯する挿絵の集まりは探偵の物語に統合される。もろもろの痕跡は物語の時間のもとに編集され、犯人の「動機」に対応するように配列しなおされる。この点において探偵は遊歩者とは異なる。探偵の説明は諸々の痕跡を統合する物語に志向しており、物語の瓦礫として歴史の茂みを覗く可能性は閉ざされてしまう。またこの統合による世界の平板化と平行して、探偵はいかがわしい主体から、その世界の正義を担う超越論的な主体――それは別の意味でいかがわしいのだが――に成り上がるのである。

遊歩者がさまざまな痕跡をモンタージュし、コラージュし、それらを通じて過去を想起する手法は、パサージュという空間をそのキャンバスとしている。同じような所作は私的な「室内」にモノを集める蒐集家においても見ることができる。たしかに、遊歩者が視覚的な人間であるのに対し、蒐集家はモノの所有にこだわるという意味で触覚的な本能をもった人間であるという違いはある。(25)

だが、蒐集というのはモノを介した実践的な想起の形式であり、その意味で遊歩者が行使するまなざしと同じ手法をもっているのである。遊歩者にとってアーケードに覆われた街路が大きな室内空間であるとすれば、遊歩とよく似た手法が蒐集においても用いられることは、それほど不思議なことではない。

蒐集の技法についてベンヤミンは次のように述べている。

蒐集において決定的なことは、事物がその本来のすべての機能から切り離されて、それと同じような事物と、考えうるかぎりもっとも緊密に関係するようになるということである。この関係は、有用性とはまっこうから対立するものであり、完全性という注目すべきカテゴリーに従っている。この「完全性」とはいったい何であろうか。それは、単なる客観的存在という事物のまったく非合理なあり方を、ことさらつくり上げられた新たな歴史的体系のうちに組み入れることによって、つまり蒐集することによって、克服しようとするすばらしい試みである。[H1a, 2](26)

モノがその機能や使用から切り離されたとき、それを呪術的・象徴的に再生する手法もあるが、たいていの場合それは「廃物」になる。蒐集家もモノをその使用のトポロジーから切り離し、自分の室内に取り集めることにより、ある種の「廃棄」を行っているのだといえよう。場合によっては、彼は最初から、そのように見捨てられ廃棄されたモノを集める、いわば屑拾いでもある。

蒐集家が行う「廃棄」は一見すると、シュルレアリストの「転置」(déplacement)の操作に似ている。モノはその機能的な連関から切り離されると、シュルレアリストが操作するオブジェの状態に移行するからである。シュルレアリストならば、このようなオブジェを取り集めて「空無なる驚異」を出現させようとするだろう。[27] 彼らはオブジェの奇妙な隣接関係——たとえば解剖台の上の洋傘とミシンの偶然の出会いのように——を通じて世界を「存在しないものの次元」に向かってひらこうとするのである。これに対し、蒐集家のほうは、有用性の世界から廃棄されたモノを取り集め、自分自身が考え、夢見る「歴史的な体系」のなかに組み入れようとする。

他方、資本の力とその運動も、モノの使用価値を恣意的なものとみなし、モノを「等価交換の体系」のなかに組み入れ、モノにあたかもその内的な属性のように一定の価値を付与する。つまり、モノを商品物神という幻想的な世界のなかに包みこむのである。しかし、資本主義はモノに交換価値を付与すると同時に、消費のモードを設定することにより、モノからその交換価値を強制的に剝奪するシステムでもある。すなわち資本はモードの操作によってモノの交換価値をすぐに廃棄していく。まだ使用価値を消耗していないモノを時代遅れの「廃物」にしてしまうわけだが、それは別のモノを通じて新たな交換価値を形成するためにであり、そこで人びとはいぜんとして商品物神と交換価値の世界に閉じこめられたままであるといえよう。

だが、資本によるモードの操作とは異なり、蒐集家の技法は、モノの使用価値を廃棄するだけでなく、モノに充当された「交換価値」を宙吊りにしてしまう。つまり、蒐集家は交換価値に準拠する商品物神の世界を括弧のなかに入れ、モノを商品物神の世界から退避させるのである。だが、モノをその機能連関や商品世界から解き放つということ、この「異化作用」だけでは蒐集家の奇妙な行動様式を十分に説明することはできない。なぜなら、蒐集とはたんに消極的な退避ではないからである。蒐集家のまなざしは取り集めたモノを通してある種の「完全性」を夢見ているからである。すなわち、モノの蒐集はその蒐集家の考える体系ないし夢を実現するために行われる。蒐集の行為は、取り集められるモノから商品世界における意味や価値を抜き去り、商品世界とはまったく異なった独自の連関と体系を打ち立てることになる。

蒐集とはモノのなかに新たな連関や秩序を読み取る一形式であり、商品世界の退屈な眠りのなかにあったモノ、あるいは屑になって仮死状態にあるモノを取り集め、蒐集家に独自な歴史的秩序、つまり蒐集家の「夢」のなかに目覚めさせる行為である。この行為は次のような特徴をもっている。

蒐集する者のもっとも秘められた動機は、おそらくこう表現することができるだろう。つまり、彼は分散に抵抗する戦いを引き受けるのだ、と。大蒐集家はもともとは、事物がこの世界のなかで混乱した状態や分散した状態にあることに感銘を受けているものである。バロック時代の人間の関心をあれほど惹きつけたのも、これと同じ光景だった。特に、寓意家《アレゴリカー》の世界像は、こうした光景によって激しい衝撃を受けたと考えないでは説明のつくものではない。寓意家《アレゴリカー》は、いわば蒐集家の対極をなしている。寓意家《アレゴリカー》は、たとえばその事物が何と類似しており、何と共属関係にあるかといったことの追究によってその事物を解明することを放棄してしまう。彼は、事物をその連関から切り離し、それらの意味を解明することをはじめからおのれの瞑想にゆだねる。それに対して、蒐集家は、たがいに共属しあうものを一つにする。彼にそれができるのは、事物の類似性や、それらの時代的順序などを明らかにすることによってである[H4a, 1]。(28)

蒐集家と寓意家《アレゴリカー》のあいだにはこのように一種の対立があるが、よく見れば相互に交るような機軸がある。それは彼らの解明や追究がともに、①事物の分散した断片に志向しており、②それらの断片が浮遊する、どこまで行っても閉じることのないシステムにかかわっているからである。彼らには事物の分散した光景が見えており、そのことに心をゆり動かされている。蒐集家の場合、事物のこの分散状態を克服することをめざすようにみえるが、じつは事物の全体性を見いだすことの不可能性を知っており、この全体性の不在が彼をして終りのない蒐集に駆り立てている。つまり克服不可能な克服の試みが蒐集であり、彼らのめざす「完全性」というのは全体性の仮想が成り立たないところに成立するものなのである。

蒐集家は完全性をめざすが、それは全体性を樹立することとは異なっている。彼らはその完全性を全体性の欠損において見いだしており、完全性はシステムが閉じておらず、ひらいていることにおいて求められる何かなのである。ただの一片でも欠けていれば、蒐集されたモノは断片的なものにとどまる。蒐集とはこの根本的な欠落の世界で行われる営みである。蒐集とはつねに断片の蒐集なのである。それゆえ蒐集家はどんなにモノを集めても決して満足することができない。蒐集はモノを商品世界から切り離すが、商品世界はモノを全体性の秩序のもとに置いている。モノは一般的等価性の体系に包摂され、価値形態論が想定するような全体性の内部に統合されている。モノの側から見れば、蒐集とはこの全体性から剝落することであり、不安な分散状態に浮遊していくことである。蒐集家はモノをこの分散状態に導き、完全性という夢のなかに目覚めさせるのである。

室内における「蒐集」、街路における「遊歩」——ベンヤミンによれば、両者は十九世紀的近代の人間を規定する重要な存在形式である。室内は「私人」という存在の仕方に、街路は「群集」という存在の仕方に相関しているからである。まず私人の室内空間がどんな場所なのかということについて、ベンヤミンは次のように述べている。

室内は私人の宇宙であるだけでなく、彼が閉じこもる容器でもある。ルイ＝フィリップ以来、ブルジョワのなかには、大都市での私的な生活の形跡の不在を取り戻したいという傾向が見られる。この種の埋め合わせを、彼は自分のアパルトマンの壁の中に見出そうとする。自分がよく使っている物やアクセサリー類の形跡をなくさないように気を配ることが、彼の名誉にかかわることでもあるかのように、すべての事態が進行していく(29)。一八八〇年代の市民《ブルジョワ》の部屋に足を踏み入れたとする。そこにはたぶん、〈くつろいだ気分《ゲミュートリヒカイト》〉というやつが部屋じゅういっぱいに発散されていることだろうが、それにもかかわらずそのときに最も強く受ける印象は、「ここはお前なんかの来るところではない」というものである。ここはお前なんかの来るところではない——というのもここには、居住者が自分の痕跡を残していないところなど、これっぽっちもないのだ(30)。

私人の室内は彼の生活や存在の痕跡を残すさまざまなモノを蒐集した空間となる。この室内空間で私人は蒐集家の様相を帯びる。そうした蒐集において、私人は、モノから商品としての性格や価値を剝奪し、自身が思い描く孤独な夢想のなかにそのモノを目覚めさせるのである。

他方、パサージュには群集に混じって遊歩者が歩いており、その知覚やまなざしに映るさまざまな事物を群集というヴェールを通して目覚めさせていく。私的な部屋は個人を包みこむ容器だが、遊歩者が歩くパサージュも集団の住居として人間を包みこむ大きな容器となっている。幻想的な「容器」としての性格や、そこで行われる「目覚め」の機能において、パサージュと室内空間にはある種の連続性と互換性がある。この点についてベンヤミンは次のように述べている。

街路は集団の住居である。集団は永遠に不安定で、永遠に揺れ動く存在であり、集団は家々の壁の間で、自宅の四方の壁に守られている個々人と同じほど多くのことを体験し、見聞し、認識し、考え出す。こうした集団にとっては、ぴかぴか輝く琺瑯引きの会社の看板が、ちょうどサロンでの市民にとっての油絵のように、いやそれ以上に壁飾りなのであり、「貼紙禁止」となっている壁が集団の書き物台であり、新聞スタンドが集団にとっての図書館であり、郵便ポストがその青銅の像であり、ベンチがその寝室の家具であり、カフェのテラスが家事を監督する出窓なのである。……他のどんな場所にもまして、街路はパサージュにおいて、大衆にとって家具の整った住み馴れた室内であることが明らかになる。[M3a, 4](31)

ベンヤミンによれば、十九世紀のパリで起こっているのは「街路と住居の陶酔的な相互浸透」である。遊歩は街路を一つの室内に変容させる営みであり、室内における蒐集とよく似た機能を発揮する。遊歩者は街路におけるまなざしの経験をいくつもの挿絵として蒐集しているのである。

ベンヤミンは私人の室内と探偵小説の関連について次のように述べている。

第二帝政様式において、アパルトマンは一種のキャビンとなり、その居住者の痕跡が室内に型として残る。これらの痕跡を調べ、跡をたどる探偵小説は、ここから生まれてくる。エドガー[・アラン]・ポーは『家具の哲学』と「探偵小説」で、室内を対象とする最初の観相家となるのだ。初期の探偵小説では、犯人は紳士でもごろつきでもなく、ブルジョワジーの単なる私人にすぎない。(『黒猫』『告げ口心臓』『ウィリアム・ウィルソン』)(32)

だが、探偵は室内だけでなく、室内と街路の双方に出入りする。つまり探偵はある意味で蒐集家であり、また遊歩者でもある。たとえば『バスカヴィル家の犬』において、シャーロック・ホームズは、群集の行き交う「街路」に姿をくらます人物を、不気味な犯罪の幻影のなかで追いかけていく。その人物を見失ったあと、ホームズは配下の少年を使ってその人物がホテルの「部屋」に残した痕跡であるモノをその犯罪の手掛かりとして拾い集めようとする。このように探偵の活動が表現しているのは、部屋から街路にいたる空間の連続性や互換性である。この空間の特性は、その核心に「死体」という不気味な剰余を抱えこむことによって閉じていることである。

探偵は事件の痕跡を蒐集する。それは死体のまわりにぼんやりと閉じた空間に残されている。探偵が対象とするこの空間は室内から街路に及ぶが、それは死体を包む巨大な密室として閉じている。探偵小説の言説が前提しているのは、死体がつくりだすこの閉じた空間が一つの容器のように世界から切り取り可能なことである。取るに足りない痕跡や断片がおぞましい何かに関連あるものとして目覚めさせられるのも、この「死の空間」の内部においてなのである。

ロンドンのある殺人事件の場合は、殺された被害者の身体の一部、さらには衣服の断片が入っている袋が見つかったのがきっかけだった。警察はそうした身体や衣服の断片からある種の結論を引き出した。(33) [I5a, 2]

部屋と街路の相互浸透と転換可能性、そしてそれらが閉じた空間を形成していることは、コナン・ドイルだけでなく、江戸川乱歩の探偵小説でも同様である。『屋根裏の散歩者』の犯人は新築したばかりの下宿館の「個室」に死体を包む小さな密室を構成していた。そして『D坂の殺人事件』における殺人の舞台は以前菊人形の名所だったが、市区改正で拡張された喫茶店や古本屋のある「通り」になっていた。だが、この通りそのものが死体をはらむ巨大な密室と化すのである。探偵はこれらの密室空間のなかに残された犯人の痕跡を取り集め、それらの痕跡の異化を通して犯行の様態、そして犯人の動機の解読を試みる。そのときそれらの小さな痕跡は、探偵の推理によって、忌まわしい過去のなかにまったく別の相貌をもって立ち現れることになる。

探偵は死体によって形成される閉じた空間において微細な痕跡を取り集め、推理の秩序のなかに組み入れようと試みる。しかしそれは、蒐集家になるためでもなければ、また遊歩者のもつ異和の陶酔に浸るためでもない。ましてシュルレアリストのように世界を存在しないものの次元に向かってひらくためでもない。犯罪の痕跡は芸術作品を構成するオブジェではない。探偵が犯罪の痕跡であるモノを証拠品として蒐集するのは、過去を仮説的に再構成するためである。この過去は事実として確認したり、再現したりできるものではなく、ある意味の秩序を媒介にして高い蓋然性のもとに想起されるものでしかない。そこに証拠を蒐集し、一つの体系にまとめる探偵の方法ないし個性が現れる。その忌まわしい体系こそ探偵という奇異なまなざしが見ている夢なのである。

## 三　解釈の詐術

エルンスト・ブロッホは、探偵小説がもっている手口、それが読者を巻きこんでいく手法について、三つの特徴があることを述べている。

この特徴は三重であって、お互いが密接に関連しあって、目指すものがいっぱいつまっている。まず、推理の緊張がある。これが、まぎれもない探偵的なものとして、しばしば重要なことを引き出す傍役を特に強調しつつ、第二の仮面剝奪、正体暴露へつづく。さらに、この暴露が、物語られないもの、つまり前史的なものによって初めて明らかにされるはずの第三の経過へと進む。[34]

つまり、探偵小説という形式が読者をそのなかに巻きこんでいく技法として、次の三点をあげることができるというのである。

（a）「推理」をめぐる緊張

（b）「仮面」の剝奪

（c）「事前」に起こったことの探求

これらの特徴のなかで、ブロッホがとくに重視しているのは（c）の論点である。探偵小説では、事件は「物語られないもの、つまり前史的なものによってはじめて明らかにされる」という構造をもっている。ブロッホは、この構造があるかぎり、たとえ探偵がいなくとも、探偵小説かどうかを判別できるとまでいう。探偵小説は、その物語の前にすでに起こってしまった凶行を抱えており、死体の発見とともに物語は幕を開ける。ブロッホによれば、その唯一の主題は「事前に起こったこと」を探り出すことである。物語の進行中に新しい殺人が起こったとしても、それは物語の開始以前の闇と深く関連しており、その闇を増大させ、事件の解決を困難にする黒い染みのようなものにすぎないと考えるのである。

探偵小説は「事前」にあるXの探索という構造をもっている。そこでブロッホが強調したのは、探偵小説がオイディプスの物語と近しい神話的形式をもっていることであった[35]。オイディプスは知らずに父を殺し、母の夫となる。その結果テーバイにはペストの蔓延という恐ろしい事態が生じる。デルフォイの神託により「真相」が語られ、オイディプスは自分が忌まわしい犯罪の主体であることを知る。物語は世界のはじまり以前に行われた凶行を前提にしており、呪われた「事前」を発掘する。物語は原初の忌まわしい出来事とそこに覗く不気味な深淵に回帰する。しかし、ここには捜索者が同時に「犯人」であるという探索の構造がある。この点は探偵小説の形式あるいは戒律に背くものといえよう。

また、オイディプス形式では、事前にあるものは、たんに未知のものではなく、「不気味なもの」という色彩を帯びている。オイディプスの場合、事前の闇の探求は不気味なものをはらんだ闇の探求になっている。オイディプスはそこで、たんなる他者ではなく、「自分自身の存在から分離できない」何かに到達するのである。ブロッホのいうように、探偵小説もまた事前の闇の探求であり、オイディプス形式と近しい構造をもっている。だが探偵小説がめざしているのは、必ずしも不気味なものへの回帰であるとはいえない。事前にひそむものがある種の倒錯的な装飾や異様な意匠をまとっているとしても、それらの多くは「異常な」というコードで了解可能なものとして、事件に解決を与える動機の次元に用いられているのである。

探偵小説の技法にとって注目すべき要素はむしろ「仮面剝奪」という形式である。探偵小説の文体は「事前のXを語る」という構造をもっているが、Xは隠されており、それゆえ探偵小説の語りは「仮面剝奪」という形式をとる。また、この仮面剝奪を行う過程は意外性をはらんだものであり、それは「推理の緊張」によってみたされることになる。それゆえ探偵小説が読者を巻きこむ技法の核心にあるのは、この仮面剝奪という形式にある。事件の結果とその事前のXとの関係を確定すること、つまり事件の深さの探求が探偵の作業となるのだが、この推理の作業は仮面剝奪という興味や興奮をそそる形式をもっている。ドロシー・セイヤーズは『モルグ街の殺人』をはじめとするポーの探偵小説に見られるモティーフを次のようにまとめている。(36)

（1）誤って容疑を受けた男というモティーフ
（2）密閉された死の部屋というモティーフ
（3）意外な手段による解決というモティーフ

第一に、すべての外面的な証拠が彼の犯行を指しているような「偽りの容疑者」がつくりだされる。真犯人の「偽装工作」や偶然の重なりによって、犯人らしく見える人物が告発されるが、真犯人は思いもかけない人物や、被害者にさえ見える人物だったりする。第二に、犯罪の現場には真犯人の巧妙な工作が仕掛けられており、たとえば「密室の構成」というパラドクシカルな外観がつくられたりする。密室は空間の問題だが、時間の密室としてアリバイ工作が行われることもある。これは一般化していえばジョン・ディクスン・カーに顕著な「不可能興味」と呼ばれるモティーフになる。事件は不可解な構造をしており、そのことが謎解きの興味と興奮をそそるのである。

第三のモティーフは、事件を構成する有機的な全体とは関連がないと思われるような取るに足りない痕跡、あるいは巧妙に隠されているのではなく、まさに表面に放置されている手掛かりなど、「意外な道筋」を通って犯人の像が結ばれることである。この場合、考慮すべきことが二つある。一つは、不可能なことをすべて除外したあとに残ったものが、たとえどんなに意外で「ありそうでないもの」に見えても、それが真相であるということである。二つは、一見したところ奇異に見える事件ほど解決がたやすいということである。逆にいうと、単純に見える事件ほど解決が困難であり、探偵はこれらの「意外性」をくぐり抜けていかねばならないのである。

このように「偽装工作」「不可能性」「意外性」というかたちで、事件の全貌には仮面が被せられている。しかも場合によっては、犯人は自分がこうした偽装を行っている主体であることを忘却するような「自己欺瞞」を自分自身に仕掛けていることもある。セイヤーズは、探偵小説がこれらの仮面や自己欺瞞を暴露していく「謎解き」の楽しみをモティーフとしているというのである。セイヤーズがあげている三つのモティーフはいずれも、事件において「ありそうにもないこと」が起こっていることを示している。ディクスン・カーの描く探偵、フェル博士も、探偵小説を非難するのに「ありそうにもない」という言葉ほどふさわしくないものはないという(37)。なぜなら、人びとが探偵小説を好む大きな理由は、まさにこの「ありそうにもない」ことに対する好みに求められるからである。世界がありそうにもない「深さ」にひらかれているかもしれないこと——それはすでに見たよう

**図3**　『モルグ街の殺人』の挿絵（殺人現場となった4階の部屋に警官たちが入っていく：アーサー・ラッカム画）

に、夢野久作が探偵小説への興味を探るうえで注目したことでもある。

フランソワ・フォスカも、ポーが探偵小説を書くうえで公準としたであろうものを再構成しているが、そこで探偵小説に固有の要素として列挙されているものは、ドロシー・セイヤーズの三つのモティーフを踏襲するかたちになっている。[38] だが、こうした公準が物語っているのは、たんに「ありそうにもないこと」への関心だけでなく、探偵小説ではつねに「正しい解決」が導かれる――それこそありそうにないことだが――ことである。それは探偵小説の要請するものが現実の捜査が求めているものとは異なることを示唆している。ボワロー=ナルスジャック(ピエール・ボワローとトマ・ナルスジャックの二人のチーム名)が指摘しているように、現実の捜査ではしばしば誤謬がくり返されるが、探偵小説では失敗は許されない。探偵の捜査は、途中経過で犯人の罠に振り回されたとしても、最後にはつねに「正しい解決」に到達していなければならないのである。

ボワロー=ナルスジャックによれば、本物の捜査では「必ず正しい解決にいたる」ということはないが、逆にいうと、その点にこそ探偵小説の重要な機能があることになる。

社会学的に見れば、推理小説はそもそものはじめから、あらゆる幻の力に対抗する十字軍の象徴だ。一つの確信が推理小説を支えているのである――推理こそがいついかなる時でも勝つのだという確信が。そこでは謎は、メロドラマの悪役と同様、相手役をつとめるだけだ。[39]

この文章では探偵小説ではなく、「推理小説」という訳語が使われているが、原語は“le roman policier”であり、述べられていることも探偵小説の問題である。ここでボワロー＝ナルスジャックは探偵小説が読者に与えるものは「安全性」だと考えている。これと同じ考え方に、探偵小説が現代社会において一種の「悪魔払い」の機能を果たしているという見方がある。たとえば高山宏が、ホームズ物も含めて彼のいう「推理小説」の社会的機能を問題にするのも、ボワロー＝ナルスジャックと同様の視点からである。高山はこの機能について次のように述べている。

要するに医師／作家であったコナン・ドイルがヴィクトリア朝人の心性《サイキー》の奥深くに澱んだ原記憶としての、流行病禍への恐怖を、犯罪という社会的病理を癒すという形で、「推理小説」が少しずつ悪魔祓いしていったのである。そこでは犯罪者という存在が、病、死といった、社会が成り立つためにはネガティヴなものと感じられるもの一切の換喩《メトニミー》と化した。それをホームズが調伏した。社会病理を「解決」するホームズの一種の「医」の行為を、その語る分身たるワトソンが医師であることが代償的に表現している。(40)

しかもこの社会的「医療行為」はホームズ・シリーズだけでなく、「推理小説」一般に通底する構造だという。この理解を図式化すると次のようになる。

## 社会病理（病・死・犯罪……）：悪魔払い＝犯罪：事件の解決

この図式で上辺の社会病理は「現実」に存在し、下辺における事件の解決は「推理小説」のなかに存在する。そこでは、①現実の不安な社会病理の総体（病・死・犯罪……）の「換喩」として犯罪が選ばれ、②この犯罪が推理小説という「虚構」のなかで解決される。推理小説における事件の解決は、現実の社会病理を悪魔払いすることの換喩的な代償行為になるというわけである。

この考え方からすれば、「探偵小説」は社会の不安を和らげ、再統合をはかるために語られていることになる。「異人殺し」伝説の機能、あるいは「うわさ」の機能について、社会学的な思考は、それらの語りの機能を何らかの原因でゆらいでいる社会の再統合や安定化に求めてきたが、右の説明はその探偵小説版になるといえよう。だが、こうした説明だと、ある社会の全体性とその持続を仮想し、探偵小説の言説をその全体性に帰属する目的論的で一般的な機能性に還元することになる。しかし、そういう全体性がどのように確定されるのかという疑問があり、また探偵小説の言説が存在するメカニズムやその固有性は宙に浮いたままである。さらにいえば、「正しい解決」は探偵小説の一面にすぎず、しかも「仮面剝奪」の機能において、探偵小説は偽善的な社会の安定性をむしろ相対化し、空洞化する視点さえもっているのである。

たとえばブロッホの視点からすれば、十九世紀のブルジョワ社会はいたるところで襞《ひだ》のある、偽善と欺瞞の厚みでできた社会である[41]。それは疑惑と不信の時代であり、フロイトはその主観的なまやかしの意識を、マルクスはその客観的なまやかしの意識を探求したという。彼らはそうしたまやかしの意識の下に、それぞれ「真の衝動や抑圧」あるいは「下部構造」を見いだしたというわけである。いかにも図式的に単純化した視点だが、ブロッホによれば、ブルジョワ社会はその欺瞞的な表面の下に、ある「深さ」を隠しもっており、フロイトやマルクスの試みはその深さにかかわる「秘密」を暴露したことになる。つまり、それらの試みはブルジョワ社会の偽善的な安定性をむしろ根底から相対化することになるのである。

探偵小説もまた世界の意外な「深さ」を明るみに出す知の形式、あるいは表面の下に「深さ」を知覚するような視線をそなえており、ブロッホの視点に立てば、世界の偽善的な安定性に疑問を投げかけ、意外な現実を暴露する視線をもっているといえよう。探偵がそこで直面しているのは、ブルジョワ社会の偽善的な安定性の底にひそむ目に見えない、また思いがけない事実であり、そのような不可解な事実を蓄えている世界のありようである。この世界の面妖な構造はたとえ「正しい解決」が与えられたとしても、決して解消されるわけではない。むしろ「正しい解決」――それゆえ「悪魔払い」や「安全性」の確保といった神話――はそうした世界の構造を前提にしている。しかも、「正しい解決」は非現実的なロマンにすぎないが、それが前提する世界の面妖な構造は人びとが日々経験する現実そのものに根ざしているのである。

しかしながら、探偵小説の言説がマルクスやフロイトの分析と同じものだと考えるのは正しくないだろう。というのは、マルクスやフロイトにとって、ブルジョワ社会における「深さ」とその深さに蓄えられている「秘密の形象」を取り出すというのは一種の疑似問題だからである。もちろん、そういう疑似問題に満足しているマルクス主義者やフロイト主義者がいることも確かである。だが、マルクスやフロイトの試みは、ブルジョワ社会において深さを求めたり、そのなかに秘密の形象を発見して満足したりするような「知覚の構造」それ自体を相対化するものであった。彼らは世界に深さを求める知覚の構造や解釈の技術を問題化し、そのような知覚の構造や解釈の技術を当然のものと思わせるメカニズム自体を解明しようとしたのである。世界の深さを前提し、その深さに宿る秘密を探りだして事足れりとする探偵小説にたいしては、その可能性の条件をとらえかえすことが、マルクスやフロイトの試みであったというべきだろう。

この点に関連してスラヴォイ・ジジェクは次のように述べている。

> マルクスとフロイトの解釈技法、より正確にいえば商品の分析と夢の分析とは、根本的に同じものなのだ。どちらの場合も、肝心なのは、形態の背後に隠されているとされる「内容」の、まったくもって物神《フェティシスティック》的な魅惑の虜になってはならないということだ。分析によって明らかにすべき「秘密」とは、形態（商品の形態、夢の形態）の後ろに隠されている内容などではなく、形態そのものの「秘密」である。夢の形態を理論的に考察することは、顕在内容からその「隠

された核」すなわち潜在的な夢思考を掘り起こすことではなく、どうして潜在的な夢思考がそのような形態をとったのか、どうして夢という形態に翻訳されたのか、という問いに答えることである。商品の場合も同じだ。重要なことは商品の「隠された核」――つまり、それを生産するのに使われた労働量によって商品の価値が決定されるということ――を掘り起こすことではなくて、どうして労働が商品価値という形態をとったのか、どうして労働はそれが生産した物の商品形態を通じてしかおのれの社会的性格を確証できないのか、を説明することである。(42)

マルクスやフロイトが明らかにしようしたのは、世界の意外な「深さ」に隠された秘密の形象ではない。彼らが問題化したのは、そもそも世界の「深さ」という現象がブルジョワ社会の商品＝貨幣関係あるいは人間の心的装置の作業にもとづく一種の幻覚的な効果であるという点である。探偵小説がそのなかで残忍な夢(秘密)を見て楽しむような、ある種の眠りを生きることだとすれば、それは探偵小説の言説がこの種の幻覚的効果の内部に実定性をもつ物語である限りにおいてなのである。

もちろん、そのような幻覚/眠りの地盤から一瞬の覚醒を起こさせるような探偵小説もある。たとえばポーの作品では、①世界の空間的な「深さ」にかんする幻覚を逆用して犯罪を続けるD大臣のような人物が登場したり(『盗まれた手紙』)、②世界の時間的な「深さ」にかんする人間学的幻覚

（動機）とは無縁な犯人であるオランウータンが登場したりする（『モルグ街の殺人』）。これらの作品は、事物の痕跡を蓄えた空間的な「深さ」、あるいは人間の動機をはらんだ時間的な「深さ」のいずれもが、一種の幻覚でしかないことを示唆している。そこで探偵は、想起される「動機」の解釈、あるいは残された「事物」の解釈のいずれにおいても、見いだされた痕跡が直接に意味するものをめざすのではなく、むしろその意味作用に「異化」を施し、そうした痕跡の布置を浮上させる変換の操作を明らかにすることを通じて犯人の存在に迫るのである。それゆえ、一概には言えないにしても、探偵小説がマルクスやフロイトの視点に近接していることも確かなのである。

探偵デュパンは世界に仕掛けられている深さの構造にたいして「異化作用」を行い、視線を切り換えることを要求する。この探偵はむしろ「表面」から秘密を取り出し、世界の空間的な深さが一種の幻覚であることを教える。また、「表面」しかもたない欲望の主体が入りこんだことを明らかにし、世界を浸す人間学的な時間の深さを一挙に相対化してしまうのである。ここでデュパンが行使している解釈には、二つの技法が含まれている。すなわち、①「事物」の痕跡を呑みこんだ世界の空間的な深さを解読する「記号論的な解釈」の技法と、②この記号論的な解釈と接合するかたちで、「動機」の痕跡を蓄えた世界の人間学的な時間の深さを無化ないし相対化するような「反人間学的な解釈」の技法である。

問題は犯行の動機を無化ないし相対化する第二の技法にかかわっている。通常の「緋色の研究」であれば、デュパンが行使するような第二の技法は抑止され、人間学的な時間の深さにおいて「秘密の形象」が取り出される。第一の技法による解読はこの秘密の形象＝動機の解釈に統合されねばならないのである。しかし、「緋色の研究」より前の時代にあるデュパンの技法、そしてそれより後の時代に現れる本格探偵小説の技法では、いずれも人間学な時間の深さが無化ないし相対化される。そこでは「緋色の研究」がどこかで破綻するような要素が入りこんでくる。つまり、犯行主体が生きているはずの人間学的な時間の深さが空洞化され、「動機」を問うこと自体が何らかの意味でノンセンスをはらむようになるのである。犯行主体は、デュパンでは一匹の「猿」であったが、ホームズより後の本格探偵小説の時代では「狂人」、あるいは狂人を偽装しているうちに何らかの狂気に侵された人間だからである。

人間の動機はさまざまな内容をもっている。他方、猿には動機がない。そして狂人の場合にはあらゆることが動機になりうる。そして猿と狂人のあいだには、取ってつけたような取るに足りない理由を動機にする奇態な人間が登場する。いずれにしても動機は恣意的な要素になり、その無内容性のもとで、探偵小説の楽しみが成り立つような探偵小説の形式化が進められるのである。それは探偵小説がトリックの次元に熱中するということでもある。たとえば「密室殺人」に代表されるように、人間的な襞《ひだ》を引き伸ばした時間のもとで、犯人は物理的な生身の身体に還元され、ただ記号論的な空間の深さを解読する第一の技法を前面に出した作品が立ち現れる。また「童謡殺人」においても、動機は個々の人間の内面から、別のテクストのなかに、いわば習俗にひそむ無意識の言語のなかに転送される。ここでも犯人の個人的な必然性の襞がなかば削ぎ落とされ、記号論的な空間にたいする解読が主題になるのである。

しかしながら、探偵小説においては多かれ少なかれ、解釈はどこかで停止させられる。実際、この「解釈の停止」こそ探偵小説の重要な特性なのである。

第一に、「事物」の痕跡を扱う記号論的な解釈においてはもともと厳密な意味での解釈が求められないことに注意すべきだろう。事物の痕跡が形成する記号論的な深さの空間では、正しい解釈＝解読が一度行われれば問題が片づくのであり、解釈の不安という問題は極小化されている。そこで行われているのは、じつは記号のシステムにたいする解読の作業であって、それは意味作用の構造に到達することによって停止する。しかし本質的なことをいえば、正しい解釈というものはなく、解釈とはたえず自らを更新し、自分を終らせることのない作業なのである。(43) 他方、記号の解読は、このような意味での解釈とは異なり、自分の介入による問題のずれとその再問題化という問いの連鎖を発生させることもない。探偵小説において事物の痕跡を扱うさいの問題は、解釈の停止というよりも、解釈を解読の次元の作業にうまく転化することにある。

第二に、人間学的な時間の深さを宿した空間では「動機」の痕跡をめぐって解釈が行われるが、この解釈の試みは、それこそ無限の解釈へとひらかれていることに注意すべきだろう。そもそも、そこで解釈される対象、つまり犯人の動機そのものが犯人自身による一つの解釈にすぎないのである。これに対する探偵の解釈はさらに次の解釈を呼び起こし、終りのない解釈の連鎖が浮上する。

その意味では、動機にかかわる解釈こそ、解釈の難問をまともに背負っているといえよう。ここでの解釈は「楽しみ」のように見えてじつは無限の試練であり、事件を解決し、探偵小説を終らせるという観点からすれば、まさに泥沼のような要素である。それゆえ問題はこの解釈の連鎖をどこかで停止させることにある。

そこで探偵小説は、動機の解釈において、事件を何とか終らせるような説得的な解釈を提供しようとする。場合によっては説得力のある理由づけで解釈が停止させられるが、しばしば自分を忘れたリアリズムの徒が非難するように、その説得力も相対的なものでしかない。しかも、この相対性は原理的なものである。犯人でさえ、自分の動機をそれ以上解釈不能な絶対性＝事実性において体験しているのではなく、むしろ自分にとって有力な解釈として内的に経験しているにすぎないからである。それは犯人の解釈をさらに解釈することが必要だということだが、この解釈の連鎖は問題をさらに増幅してしまう。それゆえ十分な解釈の不可能性を考慮すれば、探偵小説にとっては、もともと動機のない犯罪や、動機の存在(正気)と不在(狂気)がたわむれているような犯罪を構想するほうがより誠実な態度であるといえよう。ある動機の存在を指定し、解釈を終らせるのはいつも何かしら欺瞞をはらんでいるからである。

それが構造的な欺瞞であるにせよ、「動機」の解釈はどこかで目を閉じて自分を終らせる必要がある。解釈の欲望が喚起され、解釈が無限に可能な空間に人は誘いこまれ、やがてある特別な解釈が自分の優位とともに解釈の停止する地点を指し示すことになる。だが、メビウスの帯のように、その裏面で解釈はたえず自分の不安を訴えている。解釈は事実ではないし、また真の解釈は不可能なのである。この解釈の不可能性は探偵小説の形式化を招く内在的な要因でもある。

　形式化とは、動機を恣意的な要素にして、解釈の対象となる人間学的な内容をゼロ化しつつ、探偵小説の関心を記号の配列の解読という問題に特化することである。だが、このような形式化の試みは解釈への欲望そのものを解消したことにはならない。立ち消えになった解釈の可能性はいくつかの見えない空洞となって、探偵小説の言説を腐食するからである。このことは形式化によらずとも、たとえば何らかの然るべき動機を指示して解釈を停止させるときにも起こりうる。「解釈の抑止」によって途絶えた解釈の可能性はやはり言説のうちに見えない空洞のようなものをつくりだすのである。

　探偵小説は事物／動機のいずれの次元でも残された痕跡の発見とその解釈の試みとして織りなされている。それはいたるところで「解釈の欲望」にひらかれた叙述の空間となっている。しかし、「動機」にかかわる痕跡の解釈はどこかで停止させられることにより、また「事物」にかかわる痕跡の解釈は記号論的な解読の作業に転化させられることによって、事件は解決への道を見いだすことになる。動機を探求する「緋色の研究」は、ある種のもっともらしい欲望の発見において停止する。またトリック中心の本格探偵小説では、動機をめぐる解釈の欲望はあらかじめ抑止させられており、問題は事物の解釈を記号の解読へ転化することに特化している。

要するに、動機を求める「緋色の研究」でも、形式化に志向する本格探偵小説でも、痕跡を解釈する可能性がどこかで掻き消されている。いずれの場合も、探偵小説の言説にはこの掻き消えた可能性が残す不確かな空洞がひそんでいる。だがこの空洞をみたすように、それ自身はもはや解釈の対象にならない断片的なイメージが僥倖のように訪れるときがある。本格派を代表するヴァン・ダインは探偵小説の構成に緊密な必然性を求めていたが[44]、その観点からすれば、こうした断片は本質的に余分なものである。これらの断片にたいしては〈痕跡／解釈〉という枠組も、また〈記号／解読〉という枠組も有効に作動しえないからである。

探偵小説の魅力は、推理＝解釈の楽しみもさることながら、じつはこのように余分な断片が見せる微妙な輝きにひそんでいるのではないだろうか。そうした断片は動機の発見や解釈に直接つながるものではない。それらの断片的なイメージは、探偵小説が事件を終らせるために差し引いた可能性のなかに、つまり解釈のための秩序立った叙述が抱えてしまう「空洞」のなかに棲まうのである。これらの断片は何も付け加えることのない透明な過剰であり、書く主体の恣意に属す装飾や蘊蓄《うんちく》のように過剰なかさばりとは異なっている。これらの透明な断片は事件のはざまを通り過ぎるが、事件そのものとは無縁な映像であり続ける。実際、探偵小説のなかには事件の説明や謎の解明にはこれといったつながりがなく、余分な断片でしかない風景、会話、感情の流れ、出来事が存在していることがある。だが、それらの光景が妙に鈍い輝きを放つのは、それらがたんに冗長な過剰や蘊蓄の類いではなく、探偵小説における「解釈の停止」と対偶をなして生じているときである。

たとえばドイルの『バスカヴィル家の犬』には、ワトソンがサー・ヘンリーとバスカヴィル家の館を訪れに行くときの列車のなかのどこか楽し気であるようなシーンが描かれている。たしかにその訪問は事件の展開にとって必要なプロセスに属している。だがそのシーンは、事件の投げかける暗雲や予兆のあいまに覗く、どこか懐かしいような雰囲気を漂わせている。あるいは『ABC殺人事件』で第一容疑者とされたカスト氏が、「ABC殺人」を報じる新聞を読んだあと、街のほうへふらふらと歩いて行くが、そのとき、彼の前を通り過ぎる明るい娘たちとの孤独なすれ違いの光景がある。それはカスト氏でなくともありうる光景である。

これらの場面は平凡で、通俗的で、既視感さえある、「そうかもしれない」と思わせる、ただそれだけの光景である。だが、それらは、探偵小説として解釈のために緊密に構成された言説の空間のなかで、読者が「解釈の詐術」から滑り落ちると同時に、妙な既視感にとらわれる挿絵のような映像となっている。

解釈の停止という詐術は、事件を解決に導くためのリニアーな、あるいはツリー状の連鎖による「閉じた回路」を設定する。だが、このリニアーな語りやツリー状の連鎖はその「閉じた回路」を構成する努力のなかで、その回路に嵌めこまれながら、その回路からあふれ出ているような断片の光景を派生させる。それは回路を閉じようとする行為が招き寄せるものであり、決して書く主体の恣意によるものではない。書く主体ではなく、書く主体がかかわっている回路自体が、そのように透明な断片によってしか補填されないような空洞をひそませているのである。この希薄な断片は閉じた回路の一部になりながら、同時に回路を別の空間にひらくような機能をもっている。ある種の探偵小説には、解釈を閉じるための回路にありながら、探偵というよりも、「遊歩」の経験に見られるような挿絵的な断片のイメージが点滅しているのである。

# 注

## 第一章

（1）小酒井不木『犯罪文学研究』国書刊行会、一九九一年、一六―一八頁。

（2）暉峻康隆「近世の推理小説」『現代語訳西鶴全集第八巻・本朝二十不幸』小学館、一九七六年、付録参照。日本の騙術への関心は中国の『杜騙新書』『騙術奇談』の系譜につながると見られる。

（3）江戸川乱歩「涙香の創作「無惨」について」『一人の芭蕉の問題・江戸川乱歩コレクションⅢ』河出文庫、一九九五年、所収。乱歩は、『無惨』の最大の弱点は犯人の側にトリックが少しもない点だとしている。そのほうが探偵小説として純粋であり、リアルであるが、小説としては淋しく物足りないというのである。だが同時に、そういう技巧を避けたのは、涙香のひたむきな「論理主義」によるとして一応の評価もしている（初出は一九四七年）。

（4）須藤光暉（南翠）『硝烟劒鋩・殺人犯』正文堂、一八八八年。

（5）蝸牛会編『露伴全集』第一巻、岩波書店、一九五二年、所収。

（6）中島河太郎は涙香と露伴を同じ線上で見ているが（『日本推理小説史』第一巻、東京創元社、一九九六年）、この時点では、乱歩が指摘した涙香の「論理主義」と、露伴の不安な「好奇心」とのあいだの差異に注意すべきだろう。露伴の場合、この関心は一方で幽霊や怪奇現象への好奇心だが、他方では、後の『不安』（露伴口授、神谷鶴伴筆記、一九〇〇年。『露伴全集』第三巻、一九五一年、所収）に見られるように、人間とその社会の不安な可能性へ向かう関心となる。その後の流れを見れば、大都市に住む人間のありように対するこの種の不安な関心や好奇心は、漱石の『彼岸過迄』の田川敬太郎、谷崎の『秘密』の「私」、『屋根裏の散歩者』の郷田三郎、夢野久作のいう「探偵趣味」へとつながっていくものので、日本の探偵小説の重要な系譜となっている。本章第四節、第五節を参照。

（7）江戸川乱歩「探偵小説の定義と類別」『クリスティーに脱帽・江戸川乱歩コレクションⅡ』河出文庫、一九九五年、九三頁。

（8）黒岩涙香『無惨』、中島河太郎監修『日本探偵小説全集』1、創元推理文庫、一九九〇年、所収、四九頁。

（9）ロス・マクドナルドも、探偵と物語の語り手の分離が叙述のうえでいくつかの利点をもたらすことを指摘しているが、同時に、ワトソンに見られるように「探偵への盲目的な賛美」につながる危険もあることを指摘している（Ross Macdonald, The Writer as Detective Hero, in *On Crime Writing*, Capra Press, 1973.「主人公としての探偵と作家」、小鷹信光訳『ミッドナイト・ブルー』創元推理文庫、一九八六年、所収）。S・S・ヴァン・ダインは探偵と読者とのゲームという観点から探偵小説の構成をルール化し、その「二十則」の第一に、探偵と読者に「平等な機会」を与えることをあげている（「推理小説作法の二十則」、井上勇訳『ウィンター殺人事件』創元推理文庫、一九八六年、所収）。ハワード・ヘイクラフトはワトソンを忠実な友にしたり、「エキセントリックな探偵」像をつくったりすることを戒めている（Howard Haycraft, *Murder for Pleasure: The Life and Times of the Detective Story*, D. Appleton-Century Company, Inc., 1941; Newly Enlarged Edition, Biblo and Tannen, 1974, pp. 229-233.）。

（10）スコットランド・ヤードの歴史や犯罪者の世界を扱った小池滋『ロンドン』（中公新書、一九七八年、一三六頁）にもこの指摘がある。

11） Michel Foucault, *Surveiller et punir : Naissance de la prison*, Gallimard, 1975, pp. 334-335. 田村俶訳『監獄の誕生』新潮社、一九七七年、二八三頁。フーコーによれば、犯罪小説（roman criminel）と新聞の三面記事は、「非行者」にかんする人びとの知覚に一定の枠組を押しつける長期間にわたる企てとして「規律訓練の権力」に連接している。

12） フーコーは、犯罪文学と結びついた三面記事が無数の犯罪物語（récits de crimes）を生みだし、「非行性」を、日常生活にたいする永続的な脅威として、卑近にあると同時に遠い存在という二重性のもとに描いてきたと見ている。共同体との対比で都市の人間関係を一方的に「疎遠」なものと考えるのは妥当ではない。都市とは人間がごく身近な存在であると同時に疎遠でもあるという不確定なたわむれのなかに現れる場所だといえよう。非行者はそのことをたえず警告する標識なのである。

13） 饗庭篁村訳「ルーモルグの人殺し」『明治翻訳文学集』明治文学全集7、筑摩書房、一九七二年、所収。

14） この事件は『東京朝日新聞』一八八九年七月六日号で「築地の人殺し」として報道されている。『郵便報知新聞』はすでに七月五日夕版でこの「築地の人殺し」事件を報道している。これらの報道によれば、七月五日朝に、築地三丁目の海軍大学校前の川中に血に染まった屍体があるのが発見された。

15） 「兇漢澤口謙次郎」は『萬朝報』一八九三年一一月四日号より一二月二三日号まで二三回にわたって掲載された。これは犯罪実録物だが、その内容はフィクション性が強い。『無惨』の改題『三筋の髪』の出版は同年六月のことであり、これとのリンクも考えられる。『萬朝報』の「兇漢澤口謙次郎」と『無惨』との連関を考えようとしたものに貞包英之「うごめく身体・探偵小説の誕生——黒岩涙香 無惨論」（未発表）がある。

16） 涙香自身は『無惨』の「凡例」で、この作品についてある小説家に添削を依頼したところ断られたことを明かしており、製作から発表まで紆余曲折の時間があったことを窺わせる。また、「築地の人殺し」事件における死体の発見場所はポーの『マリー・ロジェの怪事件』を思わせるが、『無惨』はポーの作品とは異なり、虚構の作品を通じて現実の事件を解明するという志向性まではもっていない。

(17) 涙生「探偵譚に就て」『萬朝報』一八九三年五月一一日号。

(18) 抱月子「探偵小説」『早稲田文学』第六九号、一八九四年八月号。

(19) 同書。島村抱月のこの論文は、探偵小説の本領を「疑団」の提示とその氷解に求めるように、涙香の『無惨』を念頭にしているといえよう。

(20) 涙生、前掲書。

(21) 木村毅「解題」『黒岩涙香集』明治文学全集47、筑摩書房、一九七一年、所収、三九二頁。

(22) 『漱石全集』第一巻、岩波書店、一九九三年、一四〇―一四一頁。

(23) 同書、五二八―五二九頁。

(24) 『漱石全集』第一四巻、岩波書店、一九九五年、一二、一四頁。

(25) 『漱石全集』第一巻、五三一頁。

(26) 同書、五三一―五三二頁。

(27) 『漱石全集』第二巻、岩波書店、一九九四年、五頁。

(28) 同書、二五頁。

(29) 『漱石全集』第一四巻、一四―一五頁。

(30) 松山巖は「「D坂の殺人事件」が想定している大正八、九年は、東京がその歴史のなかで都市から大都市へ移り変る、いわばひとつの節目を通り過ぎたばかりの時期であった」と述べている(『乱歩と東京――一九二〇 都市の貌』ちくま学芸文庫、一九九四年、二〇頁)。他方、平林初之輔によれば「日本の家屋が、孤立的、開放的で秘密の犯罪に適しない」ことは日本に探偵小説が発達しない理由の一部にすぎない。探偵小説の発達にはたしかに一定の社会的条件が必要だが、それは日本人の生活・文明が科学的に幼稚なことにあるという(「日本の近代的探偵小説――特に江戸川乱歩氏に就て」一九二五年、『平林初之輔文藝評論全集』中巻、文泉堂書店、一九七五年、所収、二二二頁)。

(31)『漱石全集』第七巻、岩波書店、一九九四年、三九頁。

(32)同書、九四―九五頁。

(33)越智治雄『漱石私論』角川書店、一九七一年、二一六頁。

(34)黒岩涙香『無惨』、前掲書、一六頁。

(35)ジャック・ラカンの「《盗まれた手紙》についてのゼミナール」によれば、ポーの作品では、盗まれた手紙をめぐって「大臣/王妃/国王」という三つの視線の関係(エディプス三角形の隠喩になる)が、それと同型的な「デュパン/大臣/警察」という三つの視線の関係によって反復されるという。この事件は主要な二つの場面からなるが、第一の場面では、王妃は国王の視線を欺き、大臣は王妃の視線を欺く。そして第二の場面では、大臣は警察の視線を欺き、デュパンは大臣の視線を欺く。つまり第二の場面では、デュパンが第一の場面における大臣の位置を占めることによってゲームを反復するのである(Jacques Lacan, *Ecrits*, Seuil, 1966)。そして第三段階を考えると、大臣は偽の手紙をそれと知らず、自分の目に見えるところにもつことによって王のポジションに置かれてしまうことになる。(*Le séminaire de Jacques Lacan, Livre II: Le moi dans la théorie de Freud et dans la technique de la psychanalyse*, 1954-1955, Texte établi par Jacques-Alain Miller, Seuil, 1978.)。ラカンのこの読解についてはJ・デリダの批判があり、さらにそれを含めて論じたバーバラ・ジョンソンの検討がある。

(36)種村季弘編『泉鏡花集成』1、ちくま文庫、一九九六年、一四頁。

(37) 中島河太郎『日本推理小説史』第一巻、九四―九六頁参照。

(38) 『蘆花全集』第四巻、新潮社内・蘆花全集刊行会、一九二九年、四八一頁。

(39) D. A. Miller, *The Novel and the Police*, University of California Press, 1988. 村山敏勝訳『小説と警察』国文社、一九九六年。

(40) 夏目漱石「断片」、三好行雄編『漱石文明論集』岩波文庫、一九八六年、所収、三一八―三一九頁。

(41) 江戸川乱歩「探偵小説の謎」、一九五四年(『探偵小説の謎』講談社、一九八八年、所収)。乱歩は彼のいう「プロバビリティーの犯罪」の先鞭として谷崎の『途上』をあげ、その影響で短編『赤い部屋』を書いたという。乱歩によれば、『途上』の謀殺を一種の計画的殺人と見るが、それははっきりした殺人と一線を画すことが難しい。西洋の例として、乱歩は、R・L・スティヴンソンの『殺人なりや?』、フィルポッツの『極悪人の肖像』、プリンス兄弟の『指男』をあげている。

(42) 谷崎潤一郎「春寒」(一九三〇)、『谷崎潤一郎全集』第三〇巻、中央公論社、一九五九年、所収、三八頁。

(43) Father Ronald Knox and H. Harrington (eds), *The Best Detective Stories of the Year 1928*, Faber and Gwyer Ltd., 1928. ノックスはこの書物の序文に有名な探偵小説の「十戒」を掲げている。

(44) John T. Irwin, *The Mystery to a Solution: Poe, Borges, and the Analytic Detective Story*, The Johns Hopkins U. P., 1994. アーウィンも探偵小説の自己準拠的な構造にたいする分析を展開している。

(45) 『夢野久作全集』11、ちくま文庫、一九九二年、一六頁。

(46) 同書、一六頁。

(47) 同書、四七頁。

(48) 同書、五〇頁。

(49) 夏目漱石「断片」『漱石文明論集』所収、三二〇頁。
(50) 『夢野久作全集』11、六六頁。
(51) 『谷崎潤一郎全集』第一巻、中央公論社、一九五七年、一二三頁。
(52) 同書、一二三—一二四頁。
(53) 同書、一四〇頁。
(54) Georg Simmel, *Gesamtausgabe*, Bd. 7, Suhrkamp, 1995, S. 121. 酒田健一他訳『ジンメル著作集』12、白水社、一九七六年、所収、二七四頁。
(55) 『江戸川乱歩傑作選』新潮社、一九六〇年、一九七頁。
(56) 『江戸川乱歩文庫・屋根裏の散歩者』春陽堂、一九八七年、一一五頁。
(57) 『燃えつきた地図』、『安部公房全作品』8、新潮社、一九七二年、所収、一七五—一七六頁。
(58) 同書、一七六頁。

### 第二章

(1) Voltaire, *Zadig*, ou la destinée, in *Romans et contes*, le troisième de la《bibliothèque de la pléiade》, Gallimard, 1954.
(2) Carlo Ginzburg, Spie. Radici di un paradigma indiziario, in *Miti Emblemi Spie——Morfologia e storia*, Einaudi, 1986.
(3) Michel Foucault, *Les mots et les choses*, Gallimard, 1966. フーコーは十七世紀中葉から十八世紀末にいたる古典主義時代の知のありようを、世界を表象する記号の空間、つまり表象の空間の分析論ととらえている。

(4) Umberto Eco and Thomas A. Sebeok (eds), *The Sign of Three: Dupin, Holmes, Peirce*, Indiana U.P., 1983, chap 4. たとえばウンベルト・エーコやナンシー・ハロウィッツらはパースに依拠しながら、ザディグやデュパンの推理にアブダクションの例を見ている。

(5) Carlo Ginzburg, op. cit. 竹山博英訳「徴候——推論的範例《パラダイム》の根源」、『神話・寓意・徴候』せりか書房、一九八八年、所収、二一二頁。ギンズブルグはそのほかにガボリオも『ザディグ』から霊感を得たとしている。

(6) Voltaire, op. cit., p. 11.

(7) Umberto Eco and Thomas A. Sebeok (eds), op. cit.

(8) Carlo Ginzburug, op. cit.『神話・寓意・徴候』前掲書、二一二—二一三頁。

(9) Edgar Allan Poe, The Murders in the Rue Morgue, in E. C. Stedman & G. E. Woodberry (eds), *The Works of Edgar Allan Poe*, vol. III, Charles Scribner's sons, New York, 1914, p. 108.

(10) Michel Foucault, op. cit., p. 142.

(11) Ibid., p. 144.

(12) Ibid., p. 276.

(13) Georges Cuvier, Discours Préliminaire, in *Recherches sur les ossemens of fossiles de quadrupédes*, tome I, Paris, 1812; Culture et civilisation, Bruxelles, 1969, p. 63.

(14) Georges Cuvier, *Le régne animal distribué d'aprés son organisation*, tome I, Paris, 1817; Culture et civilisation, Bruxelles, 1969. pp. 102-103.『モルグ街の殺人』のなかでデュパンが友人の「私」に示して見せたキュヴィエの著作というのは明示されていないが、この『動物界』の第一巻のなかのオランウータンの項には、事件の現場から得られた痕跡に類似の特徴、すなわち朽葉色の体毛や、非常に短い後付きの親指などについて記されている。逆にいうと、ポーはまずキュヴィエの著作から犯人である獣の像とその特徴を設定し、それにしたがって事件の具体的な様相や現場に残される痕跡の配置などを決定し、推理のための物語を構成していたことになる。ポーの詩における構成的な手法については『構成の原理』(The Philosophy of Composition, 1846)が「大鴉」を素材に詳解しているが、そこで用いられる帰納推理の手法は『モルグ街の殺人』でも適用されているのである。

(15) The Murders in the Rue Morgue, op. cit., p. 75. 佐々木直次郎訳『モルグ街の殺人事件』新潮社、一九七七年、一七頁。

(16) ウンベルト・エーコは、ザディグの推理においても別の可能性が存在したことを指摘するが、その場合、別の可能性においてもまた一定の秩序における表象の連関が設定され、そこでは推理というより一種の「計算」が行われるのである。

(17) Edgar Allan Poe, The Purloined Letter, in *The Works of Edgar Allan Poe*, vol. Ⅲ, op. cit., p. 228.「盗まれた手紙」『モルグ街の殺人事件』、前掲書、所収、二二〇―二二一頁。

(18) 堀切直人「イリュージョン・コミック」(『ユリイカ』一九八七年五月号)もこの点に言及している。

(19) The Murders in the Rue Morgue, op. cit., p. 88.『モルグ街の殺人事件』三〇頁。

(20) Edgar Allan Poe, The Mystery of Marie Rogêt, in *The Works of Edgar Allan Poe*, vol. Ⅲ, op. cit., pp. 167-168.「マリー・ロジェの怪事件」『モルグ街の殺人事件』、前掲書、所収、一三三頁。

(21) William S. Baring-Gould (ed.), *The Annotated Sherlock Holmes*, Clarkson N. Potter Inc. 1967. 小池滋監訳『シャーロック・ホームズ全集1』ちくま文庫、一九九七年、五二頁。

(22) 同書、五四―五五頁。

(23) Arthur Conan Doyle, *A Study in Scarlet*, 1887; Penguin Books, 1981, p. 44. 中野康司訳「緋色

の研究」、小池滋監訳『シャーロック・ホームズ全集2』ちくま文庫、一九九七年、所収、一三二頁。

24）Arthur Conan Doyle, *The Hound of the Baskervilles*, 1902; Penguin Books, 1981, p. 98. 阿部知二訳『バスカヴィル家の犬』創元推理文庫、一九九四年、一四〇頁。

25）Arthur Conan Doyle, The Adventure of the Cardboard Box, 1893, in *His Last Bow*, Penguin Books, 1981, p. 52. 阿部知二訳「ボール箱」『シャーロック・ホームズの最後の挨拶』創元推理文庫、所収、七三頁。

26）Carlo Ginzburg, op. cit.『神話・寓意・徴候』一七八―一七九頁。

27）Sigmund Freud, Der Mose des Michelangelo, 1914.「ミケランジェロのモーゼ像」、高橋義孝他訳『フロイト著作集』第三巻、人文書院、一九八三年、所収、三〇一―三〇二頁。

28）Michel Foucault, op. cit., p. 312.

29）『シャーロック・ホームズ全集1』では『グロリア・スコット号』の事件は一八七四年のことを扱っているとしているが、ドロシー・セイヤーズの一八七二年説など異見も紹介している（四二二頁）。

30）Arthur Conan Doyle, *His Last Bow*, 1917; Penguin Books, 1981, pp. 197-198. 高山宏訳「最後の挨拶」、小池滋監訳『シャーロック・ホームズ全集10』ちくま文庫、一九九八年、所収、三五七―三五八頁。

31）アンドレ・ブルトンは、ランボーがポーに帰依したことにたいする批判の文脈で、さらに当のポーをも批判している。ブルトンは「つねに探偵のような人物を知的魅力に富んだ光のもとに照らし出し、世界に探偵の方法を恵み与えることは、恥ずべきことではあるまいか」という（森本和夫訳『シュールレアリスム宣言集』現代思潮社、一九七五年、九五頁）。そこで『マリー・ロジェの怪事件』の注を引いていることを加味すると、ブルトンは、探偵が事実を探求するという態度のもとに世界を存在するものの次元に還元することに対して、ある種の異和を覚えているように思われる。

(32) 法月綸太郎は「本格推理小説」を推理小説の「形式化」の試みとしてとらえ、形式化の徹底したかたちをエラリー・クイーンに求めている(「初期クイーン論」『現代思想』一九九五年二月号)。

(33) 『モルグ街の殺人』も密室殺人の様相をもって立ち現れる。江戸川乱歩によれば密室殺人は「場所に関する不可能性」を描くものであり、その傑作としてガストン・ルルーの『黄色い部屋の謎』(一九〇七)をあげている(「入り口のない部屋・その他」『江戸川乱歩コレクションⅡ・クリスティーに脱帽』河出文庫、一九九五年、所収)。ジョン・ディクスン・カーは『三つの棺』(一九三五)におけるフェル博士の「密室講義」で密室のトリックを整理しているが、乱歩も「密室トリック」(一九五六)で体系的な分類を試みている(『探偵小説の謎』講談社、一九八八年、所収)。

(34) ジョアン・コプチェクによれば、犯人の存在は、残された証拠がそのまま説明するものでもなければ、また証拠を超えたところにあるのでもない。犯人は証拠のある読み方のなかに存在している(Joan Copjec, *Read My Desire : Lacan against the Historicists*, The MIT Press, 1994. 梶理和子他訳『わたしの欲望を読みなさい』青土社、一九九八年)。

**第三章**

(1) ホロコーストを扱った映画『ショアー』のカメラで興味深いのはダイアグラムにしたがって軌道の上を動く列車からの視線である。

(2) 『ABC鉄道案内』は数年前になくなり、『OAGレール・ガイド』に変わった。小説では事件は一九三五年のことだが、英国ITVの映像作品は、一九三六年版として"The ABC Alphabetical Railway Guide"と復元している。ハヤカワ文庫版で小池滋が紹介している一九六二年版は"The ABC

Railway Guide and Hotel Guide" となっている。

（3） 第一次大戦における前線での戦闘や塹壕勤務の経験は生き残った者たちに義手・義足や戦闘神経症をもたらしただけではない。M・エクスタインズは次のように記している。《ドイツ兵ルドルフ・フィッシャーもまったくおなじことをいっている。「この戦争の経験者はだれひとり前とおなじままではいられない」。また、一九一五年九月のアルトアの戦闘と一九一六年六月のヴェルダンの戦闘に参加したマルク・ボアソンも家族への手紙でこう打ち明けた。「私はひどく変わってしまった。こんなことはいいたくなかったが、戦争で疲れ果ててしまったらしい。押しつぶされ、すっかり小さな人間になってしまったようだ。」》と（Modris Eksteins, *Rites of Spring, The Great War and the Birth of the Modern Age*, 1989. 金利光訳『春の祭典――第一次世界大戦とモダン・エイジの誕生』TBSブリタニカ、一九九一年、二九〇頁）。

（4） 精神の病いを犯罪に結びつける思考については、富山太佳夫「『ABC殺人事件』の社会史」『ユリイカ』一九八八年一月号を参照。

（5） Agatha Christie, *The A.B.C. Murders*, 1935; Dodd, Mead edition, 1936; Berkley edition, New York, 1991, p.174. 田村隆一訳『ABC殺人事件』ハヤカワ文庫、一九八七年、三一七頁。

（6） 同書所収、小池滋「解説」、三四二頁。

（7） たとえばシュルレアリスムによる超現実的なものの探求、精神分析による狂気と無意識の探求、人類学による未開社会の探求など、西欧的人間の理性を相対化するような他者についての思考が展開されていくことは、この変化を示唆しているといえよう。ただ、こうした試みの多くは、他者に自己の否定的な像を投射してしまうのであるが。

（8） Benedict Anderson, *Imagined Communities: Reflections on the Origin and Spread of*

*Nationalism*, revised edition, Verso, 1991, p. 9. アンダーソンは、無名戦士の墓のなかには、同定可能な「死骸」や「不死の魂」がなくとも、鬼気迫る「国民的想像力」が満ちているという。だが、その想像力は墓や碑の外皮を覆うものであって、そのなかにはどこにも故郷のない空虚とノンセンスが満ちているというべきだろう。

（9）第二章第二節、第三節を参照。

（10）Eden Phillpotts, *The Red Redmaynes*, 1922. 宇野利泰訳『赤毛のレドメイン家』創元推理文庫、一九八五年、四六頁

（11）同書、三九三頁。

（12）同書、四〇〇頁。

（13）同書、四〇一頁。

（14）Erich Maria Remarque, *Im Western Nichts Neues*, 1929. 秦豊吉訳『西部戦線異状なし』中央公論社、一九二九年。この若いドイツ兵の物語は第一次大戦の戦闘がもたらした苦しみ、愚劣、悲惨、そしてノンセンスの衝撃的な集積をどこか乾いた文体で描いている。アメリカ兵の側からは『ジョニーは戦場に行った』(*Johnny Got His Gun*, 1939)があり、主人公は両腕、両足、両眼、両耳、鼻、口を失って戦争の無惨な現実と戦争に導く者を告発する。

（15）S. S. Van Dine, *The Bishop Murder Case*, 1929. 井上勇訳『僧正殺人事件』創元推理文庫、一九七三年。

（16）Agatha Christie, *Ten Little Niggers*, 1939; *And Then There Were None*, Berkley edition, New York, 1991. 清水俊二訳『そして誰もいなくなった』ハヤカワ・ミステリ文庫、一九七六年。

（17）Anthony Bruno, *Seven*, St. Martin's Press, 1995. 棚橋志行訳『セブン』二見文庫、一九九六年。

(18) Ellery Queen, *The Tragedy of Y*, 1933. 鮎川信夫訳『Yの悲劇』創元推理文庫、一九五九年。
(19) S. S. Van Dine, op. cit.
(20) Ellery Queen, *The Quick and the Dead; There Was an Old Woman*, 1943. 井上勇訳『生者と死者と』創元推理文庫、一九九〇年。
(21) Agatha Christie, *A Pocket Full of Rye*, 1953; Haper Collins Publishers, 1993. 宇野利泰訳『ポケットにライ麦を』ハヤカワ文庫、一九七六年。
(22) Ibid., p. 17. 同書、二二頁。
(23) Ibid., p. 109. 同書、一五五―一五六頁。
(24) Ibid., p. 118. 同書、一六八頁。
(25) Ibid., p. 163-164. 同書、二二九頁。
(26) Ellery Queen, *Double, Double*, 1950. 青田勝訳『ダブル・ダブル』ハヤカワ文庫、一九七六年、三四四頁。
(27) Agatha Christie, op. cit., p. 206.『ポケットにライ麦を』、前掲書、二八七―二八八頁。
(28)『生者と死者と』、前掲書、一九七頁。
(29) 江戸川乱歩「一人の芭蕉の問題」一九四七年、『江戸川乱歩コレクションⅢ・一人の芭蕉の問題』河出文庫、所収、一九九五年。甲賀三郎のような謎と論理を重視する「本格探偵小説」の考え方（「探偵小説講話」一九三五年）にたいして、木々高太郎は探偵小説の文学性を主張する（「愈々甲賀三郎氏に論戦」一九三六年）。乱歩としては、「動機の必然性」は重視すべきとしても、探偵小説の興味がトリックにもある以上それにも限度があるとしている。
(30) Howard Haycraft, *Murder for Pleasure: The Life and Times of the Detective Story*, D. Appleton-

Century Company, Inc., 1941; Newly Enlarged Edition, Biblo and Tannen, 1974. 林峻一郎訳『娯楽としての殺人』国書刊行会、一九九二年。ヘイクラフトは一九一八年－一九三〇年代を英米の探偵小説の黄金時代と見ている。

（31） 砧一郎訳『探偵コンチネンタル・オプ』ハヤカワ・ミステリ、一九八九年、二五七頁。

（32） Carroll John Daly, Knights of the Open Palm, 1923. E・S・ガードナーは、キャロル・ジョン・デイリーが『ブラック・マスク』一九二三年六月一日号にはじめて登場させた主人公レイス・ウィリアムズを、のちのハードボイルド小説の探偵の先駆者だという（「発端の真相」、鈴木幸夫訳編『推理小説の美学』研究社、所収、一九七四年、一七五頁〔*The Art of the Mystery: A Collection of Critical Essays*, edited and with a commentary by Howard Haycraft, The Universal Library, Grosset & Dunlap, New York, 1946.〕）。あるいは小鷹信光『ハードボイルド・アメリカ』河出書房新社、一九八三年を参照。

（33） Steven Marcus, Introduction, in Dashiell Hammett, *The Continental Op*, First Vintage Crime/Black Lizard, 1992. p. ix.

（34） Raymond Chandler, The Simple Art of Murder, 1944; in *Raymond Chandler: Later Novels and Other Writings*, Literary Classics of the United States, Inc., New York, 1995. 邦訳には、「簡単な殺人芸術」（『推理小説の美学』所収）、「殺人の簡単な技術」（中田耕治編『推理小説をどう読むか』三一書房、所収、一九七一年）、「簡単な殺人法」（稲葉明雄訳『事件屋稼業・レイモンド・チャンドラ短編全集2』創元推理文庫、所収、一九六五年）などがある。

（35） Ibid., p. 983. 『推理小説の美学』一九一頁。

（36） Ibid., p. 986. 同書、一九四頁。

(37) Ibid., pp. 988-989. 同書、一九八－一九九頁。

(38) Ross Macdonald, The Writer as Detective Hero, 1965.「主人公としての探偵と作家」、小鷹信光訳『ミッドナイト・ブルー』創元推理文庫、一九八六年、所収。

(39) E・S・ガードナーは、ハードボイルド・タイプの探偵小説と行動派《アクション・タイプ》探偵小説とを区別して、大部分のハードボイルド小説には「それにつきものの起こりそうもない要素が含まれている」といい、「主人公はたいてい大男で乱暴な悪漢たちに捕えられて、モルヒネを注射され、目をさますとそこは一軒家の一室で、部屋にはゴリラのような巨漢がはべり、……主人公はなぐられて二度、三度気を失う。しかし、ついには何とか逃げ道を切りひらいて脱出ということになる」とチャンドラー流の主人公の非現実性を皮肉っている(「発端の真相」『推理小説の美学』所収、一七八－一七九頁)。

(40) Ross Macdonald, The Writer as Detective Hero.「主人公としての探偵と作家」、前掲書、二九三頁。

(41) 同書、二九七頁。

(42) Raymond Chandler, The Simple Art of Murder, op. cit., p. 991.「簡単な殺人の芸術」、前掲書、二〇二－二〇三頁。

(43) Raymond Chandler, The Long Goodbye, 1954; in *Raymond Chandler: Later Novels and Other Writings*, op. cit., p. 733. 清水俊二訳『長いお別れ』ハヤカワ・ミステリ文庫、一九七六年、四八〇頁。

(44) Raymond Chandler, Farewell, My Lovely, 1940; in *Raymond Chandler: Stories and Early Novels*, Literary Classics of the United States, Inc., New York, 1995, p. 977. 清水俊二訳『さらば愛しき女よ』ハヤカワ文庫、三〇五頁。

(45) Ibid., p. 980. 同書、三一〇頁。

(46) Ross Macdonald, *The Goodbye Look*, Alfred A. Knopf, 1969. 菊池光訳『別れの顔』ハヤカワ文庫、一九七七年。
(47) Ross Macdonald, *The Underground Man*, 1971. 菊地光訳『地中の男』、ハヤカワ文庫、一九八七年、三八〇—三八一頁。
(48) Dashiell Hammett, Red Harvest, 1929; in *Dashiell Hammett, Complete Novels*, Literary of Classics of the United States, 1999, p. 141. 中西二郎訳『血の収穫』創元推理文庫、一九五九年、二三三頁。
(49) Ibid., p. 142. 同書、二三三—二三四頁。
(50) Ross Macdonald, *The Doomsters*, 1958. 中田耕治訳『運命』ハヤカワ・ミステリ、一九五八年、二三九頁。
(51) 同書、二五五頁。
(52) 同書、二六一頁。
(53) Ross Macdonald, *The Chill*, 1963; First Vintage Crime/Black Lizard Edition, 1996, p. 258. 小笠原豊樹訳『さむけ』ハヤカワ文庫、一九七六年、三七九頁。

**第四章**

(1) Carlo Ginzburg, *Miti Emblemi Spie——Morfologia e storia*, Einaudi, Torino, 1986. 竹山博英訳『神話・寓意・徴候』せりか書房、一九八八年、一九〇頁。
(2) Marshall McLuhan, *The Mechanical Bride*, 1951; The Vanguard Press, 1967. 井坂学訳『機械の花嫁』竹内書店新社、一九九一年、二五六—二五七頁。探偵小説を進行順序を逆にした「映画」のようにみなす視点は、すでにロナルド・ノックスが指摘していたことでもある(Ronald Nox & H. Harrington (eds), *The Best Detective Stories of the Year 1928*, Faber & Gwyer Ltd., 1928. 宇野利泰他訳『探偵小説十戒』晶文社、一九八九年、序文、一二頁)。

(3) 探偵小説と精神分析の類似についての指摘は数多い。エルンスト・ブロッホもそうだったが、最近ではジャック・デュボワが探偵小説というジャンルにオイディプス神話への準拠の反復を読み取ろうとしている(Jacques Dubois, *Le roman policier ou la modernité*, Editions Nathan, 1992.)。

(4) ジジェクはここでフロイトの『夢判断』を参照している。

(5) Slavoj Žižek, *Looking Awry: An Introduction to Jacques Lacan through Popular Culture*, The MIT Press, 1991. 鈴木晶訳『斜めから見る』青土社、一九九五年、一〇四頁。

(6) ここでドロシー・L・セイヤーズのいう「誤って容疑を受けた男」というモティーフが浮上する(「犯罪オムニバス」一九二九年)。

(7) エルンスト・ブロッホは「異化すること」(Verfremden)と「疎外すること」(Entfremden)という言葉を比較し、ブレヒトの異化という言葉の用法について次のように述べている。「現在の「異化効果」は、事件の過程や人間の性格が自明のものと見なされることのないよう、それらを慣れ親しんだものからずらすこと、置き換えることとして現われている。そうすることで、場合によっては目からうろこが落ちることもある」と(Ernst Broch, *Verfremdungen I, II*, Suhrkamp, 1962-1964. 船戸満之他訳『異化』白水社、一九八六年、八三頁)。

(8) 富山太佳夫「『ABC殺人事件』の社会史」(『ユリイカ』一九八八年一月号)は、この作品に限らず、第一次大戦後、戦争の後遺症に悩む人々の増加にたいして、作者クリスティーが関心を抱いていたことは十分に推察できるとしながらも、精神の欠陥それ自体を犯罪と結びつける発想が下敷きにあったのではないかと指摘している。この発想は作品の問題構成をより一般的な次元で支えるものといえよう。だがここでは、精神の欠陥がもともとの精神病やアルコール中毒や生まれつきによるのではなく、まさに戦争に起因しているという文脈が重要であり、それは狂気と無差別殺人の暗いつながりにかんする想像力を中継するリアリティの伏線をなしているのである。

(9) Ernst Broch, ibid.「探偵小説の哲学的考察」『異化』所収、五一頁。

(10) Slavoj Žižek, op. cit. 前掲書、一一六頁。ジジェクによれば、クリスティーの『オリエント急行の殺人』は例外的なケースに見えるかもしれないが、そこでも、容疑者全員が犯人であるため、彼らは有罪ではありえない。むしろ被害者が有罪であり、犯罪は処罰だったことになる。

(11) Ibid. 同書、一一七頁。

(12) Walter Benjamin, *Gesammelte Schriften V-1*, *Das Passgen-Wrek*, Suhrkamp, 1982, S. 490-491.

(13) Ibid., S. 490-491. 今村仁司他訳『パサージュ論 Ⅲ』岩波書店、一九九四年、五一六頁。

(14) Ibid., S. 578. 道籏泰三「ボロとクズの弁証法」(『現代思想』一九九二年一二月臨時増刊号)は、「静止状態の弁証法」に照準しながら、ベンヤミンのパサージュ論にシュルレアリスティックな方法論を看取している。

(15) Walter Benjamin, *Gesammelte Schriften V-2*, *Das Passgen-Wrek*, Suhrkamp, 1982, S. 676.『パサージュ論 Ⅴ』岩波書店、一九九五年、一九九頁。

(16) Walter Benjamin, Über den Begriff der Geschichte, 1940.「歴史哲学テーゼ」、浅井健二郎編訳『ベンヤミン・コレクション1 近代の意味』ちくま学芸文庫、一九九五年、所収。

(17) Michel Foucault, *Surveiller et punir : Naissance de la prison*, Gallimard, 1975, Ⅳ-Ⅱ.

(18) Gilbert K. Chesterton, *The Defendant*, R. B. Johnson, 1901; Dodd, Mead and Company,

1902.「探偵小説の弁護」、別宮貞徳他訳『G・K・チェスタトン著作集4』春秋社、一九七五年、所収、三六―三七頁。

(19) Walter Benjamin, Über einige Motive bei Baudelaire, 1939.「ボードレールにおけるいくつかのモティーフについて」『ベンヤミン・コレクション1 近代の意味』ちくま学芸文庫、一九九五年、四四六頁。

(20) 同書、四四五頁。

(21) Walter Benjamin, *Gesammelte Schriften V-1*, S. 554.『パサージュ論 Ⅲ』一二三頁。

(22) Ibid., S. 541. 同書、九八頁。

(23) Ibid., S. 529. 同書、七七頁。

(24) ベンヤミンによれば、空間を「挿絵本」(Kolportage)のように見るのは遊歩者の基礎的な経験であるという(ibid., S. 527. 同書、七四頁)。

(25) Walter Benjamin, op. cit., S. 274.『パサージュ論 Ⅴ』一二七頁。

(26) Ibid., S. 271. 同書、一二二―一二三頁。

(27) 「空無なる驚異」とはたとえばルネ・マグリットがめざしたものである。

(28) Walter Benjamin, op. cit., S. 279.『パサージュ論 Ⅴ』一三七頁。

(29) Ibid., S. 68.『パサージュ論 Ⅰ』岩波書店、一九九三年、四二―四三頁。

(30) Walter Benjamin, Erfahrung und Armut, 1933.「経験と貧困」、浅井健二郎編訳『ベンヤミン・コレクション2 エッセイの思想』ちくま学芸文庫、一九九六年、所収、三八〇頁。

(31) Walter Benjamin, op. cit., S. 533.『パサージュ論 Ⅲ』八四頁。

(32) Ibid., S. 68.『パサージュ論 Ⅰ』四三頁。

(33) Ibid., S. 294-295.『パサージュ論 V』一六八頁。
(34) Ernst Broch, op. cit.「探偵小説の哲学的考察」、前掲書、四六頁。
(35) Ibid. 同書、五五頁。
(36) Dorothy L. Sayers, *Great Short Stories of Detection, Mystery and Horror, Series I*, Gollancz, 1928; *The Omnibus of Crime*, Harcourt, Payson & Clark, 1929.「犯罪オムニバス」、鈴木幸夫他訳『推理小説の美学』研究社、一九七四年、所収。
(37) John Dickson Carr, *The Three Coffins*, 1935. 三田村裕訳『三つの棺』ハヤカワ文庫、一九七九年、二七三頁。
(38) ボワロー＝ナルスジャックは『推理小説論』でフォスカの列挙する規則を検討している（François Fosca, *Histoire et technique du roman policier*, 1937.）。
(39) Boileau-Narcejac, *Le roman policier*, Payot, 1964. 寺門泰彦訳『推理小説論』紀伊國屋書店、一九六七年、四一頁。
(40) 高山宏「秘める家——『死の猟犬』の周辺」『ユリイカ』一九八八年一月号、一二〇頁。
(41) Ernst Broch, op. cit.「探偵小説の哲学的考察」、前掲書、五〇—五一頁。
(42) Slavoj Žižek, *The Sublime Object of Ideology*, Verso, 1989, p. 11. 鈴木晶訳「イデオロギーの崇高な対象 第1部＝症候〔1〕」『批評空間』一九九一年第一号、二四四—二四五頁。
(43) Michel Foucault, Nietzsche, Freud, Marx, 1967; in *Dits et écrits I*, Gallimard, 1994, p. 571.
(44) ヴァン・ダインの「探偵小説二十則」のうちの第十六則を参照。

# 岩波人文書セレクションに寄せて

「探偵小説」はわたしにとって研究対象であるだけでなく、自分の研究方法とも少しかかわりがあるように思う。調査研究をしていると、探偵小説に登場する〈探偵〉——実際の探偵とは違う——が直面するような思考の場面に遭遇するからである。そこではしばしば、外形的な事実(物証)と人間的な事実(動機)の交わり具合を見定め、ある出来事や行為が実際に存在したかどうかを推認するという作業が伴う。こういう作業に関心をもったきっかけとして、三十代のころ、「故郷」という唱歌の成立事情にかんして鳥取県で調査をしていたことが思い出される。

唱歌というと、文部省による国民形成の政治学や当時の大衆の社会心理といった大きな変数が気になるところだが、わたしは、そういう構造論的な変数よりも、もっと個別的で、単純に外形的な事実が気になっていた。高野辰之が作詞した唱歌「故郷」の詩句には、もしかすれば作曲した岡野貞一の記憶が幾分か投影されているのではないか、そんな想像から調査をはじめたからだ。明治二六年の早春、一五歳の貞一が故郷鳥取の地を離れ、中国山地を越えて、岡山にいたり、やがては東京へと向かう道筋とキリスト教の関係を考えながら、わたしは彼の足跡を調べていた。

学校での農村調査の経験をふり返ると、現地に泊り込み、人に声をかけ、インタビューを重ねることが基本だった。そこでは産業構造や家族形態の変化などの構造変数と、地域の人々の意識のありようが主な焦点で、それらの共変関係を実証的に分析することをめざしていたと思う。いかにも学校的なテーマである。しかし自分自身のテーマを考えるようになると、もっと個別的で、人間的な事件を知る必要があるように思われた。学校の期待や、ノンフィクションが先取りするような世間の期待とは別に、もっと個別的で、外形的・測量的な調査があると思った。その調査結果のなかに、人間的な事件の可能性が浮かび上がるような事実の布置が示されるとしたら……わたしはそんな調査を想像した。

現場のただなかに入ると、いやでも自分の外部性を思い知らされる。教員や役人なら、ある種の通行手形を示せるが、それでは類型的な世界に嵌まり込むだろう。むしろ〈探偵〉のように疎ましく、いかがわしい外部性や可傷性を引き受けたほうが、よい結果を得ることが多い。また、現場にいたるにはある種の〈移動〉が必要である。それはひとりで境界を通過する旅にも似て、自分の気持ちを引き締める効果がある。現場はやはりどこか境界線の向こうにあり、親しい関係を築いたようにみえても、自分の外部性が消えることはない。しかし、自分を含め、どんな人間も自分自身のありように、わずかだが不気味な他者性の感覚をもっており、そういう感覚の回路を経て事実のかけらが、こちら側に転がってくることもある。

研究対象として「探偵小説」を考えてみると、まず重要な点は、それが〈都市〉の文化形象であることだろう。大都市の群集とその欲望のありようが、探偵小説を消費する精神の土壌となっている。G・K・チェスタトンも探偵小説のなかに大都市の文化的な詩情の現れを見ていた。だが、大都市の生理と結びついているのは探偵小説だけではない。本書のあとにベースボールの研究をはじめたが、ベースボールが現在のルールと近いかたちで組織的に行われるようになったのはニューヨークにおいてである。対岸のエリジアン・フィールドでゲームが行われたが、そのあたりは同じころ、エドガー・ポーの『マリー・ロジェの謎』のモデルとなった未解決の有名な殺人事件が起こった場所でもある。大都市に生きる人々の生の勾配を可視化する二つの事象――ミステリーとスポーツへの関心――は、その原点で外形的につながっていた。

ニューヨークというより、マンハッタンという都市では、言説や身体とは別に、建築の次元が圧倒的なプレザンスを誇っている。マンハッタンがマンハッタンであると思われているのは、レム・コールハースがいうように、グリッドの秩序を基盤とするがゆえに、幾多の摩天楼が秩序を超えるように密集し聳え立っているからだろう。この「密集」(congestion)は、その都市に住む人々の生やコミュニケーションの様態がある種の〈臨界〉へと向かう状況を寓喩的に示している。わたしはサイドウォークに視線を置きながら、探偵小説という「言説」の次元を、スポーツという「身体」の次元だけでなく、「建築」の次元との相関でも見ていきたいと思った。

一九二九年に、ヴァン・ダインは、マンハッタンのリバーサイド・ドライヴの傍らを舞台に『僧正殺人事件』を書きあげた。犯人はマザー・グースの唄に合わせて次々に五人の殺害を企て、うち一人は未遂に終る。この犯人は別に一人を脅してショック死させ、最後に本命の一人を毒殺しようとしたが、自分自身が殺される破目に陥る。大量殺人であり、群集の誰もが不安に晒される事件である。レイモンド・チャンドラーは、殺人を、実際に殺すべき理由のある人の手に、しかもごく実際的な手段でそうする人の手に取り戻したとして、ダシール・ハメットを賞賛した。それは古典的な探偵小説の安易な設定を批判したものだが、殺すべき理由のある殺人だけがリアルだともいえない。大都市の混迷と群集の感覚からすると、無差別殺人という絵空事がむしろリアルな不安を喚起するからである。

一九二四年に、ハリントン・ヘキスト(イーデン・フィルポッツ)は『誰が駒鳥を殺したのか?』(Who Killed Cock Robin?)という作品を発表したが、この表題の一文はマザー・グースの唄にある。その五年後に、ヴァン・ダインは『僧正』を書き、「誰が駒鳥を殺したのか?」を第一章の章題とした。ただし『僧正』で殺される「駒鳥」は男性だが、ヘキストの作品で「駒鳥」に擬されたのは女性である。また、『僧正』は大量殺人だが、『駒鳥』は一人だけ、まさに殺すべき人物を殺すという構図をもっている。『僧正』でも本当に殺したい人物は一人で、あとはその巻き添えで殺された人たちのようにみえるが、そこでは手段(煙幕用の殺人ゲーム)が目的(目標とする殺人)を凌駕している。〈正気〉の貌と〈狂気〉の貌が曖昧図形のように反転しあう、不気味な絵模様が都市の光景として浮かびあがる。

「探偵小説」を考えるうえで、もうひとつ重要な点は、それが〈言語〉でできていることである。この問題の奥行きを熟知していたのはアガサ・クリスティーで、彼女に騙された経験をもつ人たちは、あとでそのことを思い知らされる。ロバート・シャンピニーが注意するように、作品中のあらゆる手掛かりは、関係者の証言も、物質的な痕跡も、読者には「言語」として与えられるにすぎず、作品中人物も「言語上の被造物」(linguistic creature)にすぎない。そしてそのうえで重要なのは、「言語」は決して中立的で、普遍的で、透明な道具などではないことである。

言語という媒体はある種のフィルターのように固有の特性や複雑な曲率をもっている。それゆえ探偵小説の作家は、意識的かどうかは別にして、言語による語りの空間そのものの特性や可能性を手探りしていることになる。ロラン・バルトやジェラール・ジュネットが『アクロイド殺し』や『シタフォード荘の秘密』に関心を寄せたのもこうした事情による。『アクロイド殺し』では、アラン・ロブ゠グリエがいうように、核心的なトリックは、テクストが物語る出来事の次元ではなく、テクストを織りなす言語(語り)の次元に仕掛けられている。探偵小説の住まいである言語は、都市に劣らず歪んでおり、言語を無垢と思った読者は騙されることになる。

ヴァン・ダインの『僧正』をふり返ると、童謡の詩句が作品の内部に織り込まれ、呪いの言葉として「登場人物」たちに恐怖や不安を抱かせる。ヘキストの『駒鳥』では、童謡の詩句はむしろ作品の表題として、読者に物語の内容を概説するメタ言語といえよう。だがその表題は「読者」に対する挑戦的な謎を暗示してもいた。実際、ヘキストの作品で「誰が駒鳥を殺したのか?」というのは皮肉な問いである。駒鳥を殺すのは、ふつう駒鳥以外の人物のはずだが、この作品では「駒鳥が駒鳥を殺す」からである。しかも自殺ではなく、他殺である。そんなことがありうるのか？——表題はそう問いかけ、わかりますかと尋ねている。

セバスチアン・ジャプリゾの『シンデレラの罠』（一九六二）では、表題が作品の外側で「読者」との関係を受け持つと同時に、作品の内部に〈挿入〉され、「登場人物」の振る舞いに印象深い刻印を残すように織り込まれていた。「シンデレラの罠」というのは、作品の表題であると同時に、作品中の、軍隊臭くいやらしい匂いのするオーデコロンの名前である。ショシャナ・フェルマンによれば、この言葉の、作品の外部から内部への〈侵入〉によって、二人の若い女性のうち、どちらが犯人でどちらが被害者だったのか、もはや確定しがたい状況が発生する。

『僧正』の場合、素朴に読めば、「誰が殺したのか？」について決定不能な宙吊り状況は認められない。トリックは物語世界内の出来事の次元に仕掛けられており、物語世界を構成する言語の次元に嫌疑を寄せる必要はないようにみえる。しかし読者は、童謡のたわむれに読後もなお不穏なものを感じないだろうか。童謡による呪いと見えたものが、じつは犯人の仕掛けた詐術だとわかれば、童謡は無垢で、怪しげな不安は解消してよいはずである。だが、それでも妙な不安が過ぎるとすれば、童謡はこの作品の外部からそっと〈挿入〉されたものだからである。その外部性は作品の内部にいる探偵の解明では消せるものではない。童謡の詩句はむしろ作品の外部へ還流して漂い、読者の近傍を掠めつつ未出現の呪いと結びつく可能性もある。

もし時間があれば、『僭正』で、なぜ駒鳥や、雀や、ハンプティ・ダンプティや……は殺されるのかを考えてみたい気もする。彼らがそもそも〈言語〉なら、その〈言語〉を被害者の記号として意味するものにしている関係の網目について、つまりは運命の横貌について考えてみたいと思うのである。

本書の初版からちょうど十年になるが、その間、読者をはじめ、社会学、英文学、日本の近代文学、文化史などの領域で、それぞれにありがたい言葉や貴重な教えを頂いた。感謝の思いは尽きない。いま携わっている『アクロイド殺し』にかんする研究を進めるうえでの励みにしたいと思う。そして最初の編集でお世話になった岩波書店の小島潔氏に、またこの再刊でお世話になった倉持豊氏に、改めて感謝の言葉を申し述べたい。

内田隆三

# 図版出典

1 章

図1 『日本探偵小説全集 1』創元推理文庫, 1984 年.

図2 『名作挿絵全集』第 1 巻, 平凡社, 1980 年.

図3 『新青年』大正 9 年 1 月号

図4 『日本探偵小説全集 4』創元推理文庫, 1984 年.

図5 江戸川乱歩『犯罪幻想』東京創元社, 1956 年.

2 章

図1 G. Cuvier, *Le Règne Animal Distribué D'Après Son Organisation*, Tome 1, Culture Et Civilisation, Bruxelles, 1969.

図2 『ポオ小説全集 4』創元推理文庫, 1974 年.

図3 『シャーロック・ホームズ全集 2』ちくま文庫, 1997 年.

図4 『三人の記号：デュパン, ホームズ, パース』東京図書, 1990 年.

図5 New York Times, Aug. 2, 1914.

3 章

図1 『ABC 殺人事件』(グラナダ・テレヴィジョン提供)

図2 William K. Everson, *The Detective In Film*, The Citadel Press, 1972.

図3 『春の祭典：第一次世界大戦とモダン・エイジの誕生』TBS ブリタニカ, 1991 年.

図4 『レイモンド・チャンドラー読本』早川書房, 1988 年.

図5 Tom Nolan, *Ross Macdonald: A Biography*, Scribner, 1999.（表紙カバーも）

4 章

図2 『エドガー・アラン・ポウと世紀末のイラストレーション』岩崎美術社, 1986 年.

図3 『エドガー・アラン・ポウと世紀末のイラストレーション』岩崎美術社, 1986 年.

■岩波オンデマンドブックス■

探偵小説の社会学

2001年1月18日　第1刷発行
2011年11月9日　人文書セレクション版発行
2015年9月10日　オンデマンド版発行

著　者　内田《うちだ》　隆三《りゅうぞう》

発行者　岡本　厚

発行所　株式会社　岩波書店
〒101-8002　東京都千代田区一ツ橋2-5-5
電話案内　03-5210-4000
http://www.iwanami.co.jp/

印刷／製本・法令印刷

© Ryuzo Uchida 2015
ISBN 978-4-00-730265-7　　Printed in Japan